UN PÉLERINAGE AU PAYS DU CID

PARIS. — E. DE SOYE, IMPRIMEUR, PLACE DU PANTHÉON, 2.

UN

PÉLERINAGE

AU

PAYS DU CID

PAR

M. OZANAM

SANCTE MICHAEL ARCHANGELE DEFENDE NOS IN PRÆLIO UT NON PEREAMUS IN TREMENDO JUDICIO

PARIS

F. DE SOYE, IMPRIMEUR-LIBRAIRE

Dépôt rue de Mézières, 6.

UN PÈLERINAGE

AU

PAYS DU CID

BURGOS

C'était une dévotion favorite de nos pères d'aller en pèlerinage à Saint-Jacques de Compostelle. Dans quelques provinces du midi de la France, à Poitiers, par exemple, les pèlerins de Saint-Jacques se trouvaient encore assez nombreux au siècle dernier pour former une confrérie qui avait sa chapelle à quelque distance de la ville, sur la route d'Espagne. Mais, avant de regagner leur pays, ces pieux voyageurs avaient coutume de visiter, à quatre lieues de Compostelle, la plage où, selon la légende, le corps du saint apôtre fut jeté par la mer. Ils y ramassaient les larges coquilles dont ils ornaient leur chaperon et leur manteau, celles qu'ils rapportaient à leurs enfants, et que les amis et les voisins se passaient de main en main pendant les longues veillées d'hiver. Moi aussi j'ai rêvé le pèlerinage de Saint-Jacques. Je me réjouissais de voir la vieille Espagne chrétienne, cette Espagne libre, pauvre, délaissée, qui subit moins profondément l'empreinte de l'étranger. Là m'attendait Burgos, la ville de Notre-Dame, la ville des rois et des héros ; Oviedo et ses vallées, vierges de la conquête musulmane; enfin Sant iago, dont la basilique, dépouillée par les révolutions, conserve du moins la majesté de sa gigantesque architecture. Mais une volonté qui dispose de nous sans nous devait m'arrêter à la première station, et mon pèlerinage finir, non plus au tombeau de saint Jacques, mais au pays du Cid. Je suis donc revenu les mains vides de coquilles, mais pleines de ces feuilles légères où le voyageur a crayonné ses premiers souvenirs, se promettant vainement de les retoucher plus tard. Je ne puis rien offrir de plus à mes amis, à ceux de mon voisinage : j'entends ce voisinage de l'esprit et du cœur qui unit aujourd'hui beaucoup de chrétiens, et qui leur fait prolonger ensemble la veillée avec confiance, malgré de bien mauvaises nuits.

I

AVANT-SCÈNE, LES PYRÉNÉES ET LA MER.

Gavarnie, 21 août; Biarritz, 1er septembre 1852

En Italie et sur les bords du Rhin, ma pensée était distraite par les ouvrages des hommes. Dans ce pays-ci, où l'homme a peu fait, je ne vois plus que les œuvres de Dieu. Vraiment Dieu n'est pas seulement le grand législateur, le grand géomètre, il est aussi le grand artiste. Ne méprisons plus la poésie comme le rêve des imaginations malades ou comme le passe-temps des sociétés blasées. Dieu est l'auteur de toute poésie, il l'a répandue à pleines mains dans la création, et, s'il a voulu que le monde fût bon, il l'a aussi voulu beau. Quel poëte a jamais conçu, quel architecte a jamais dessiné un sanctuaire comparable à celui que l'Éternel s'est bâti à lui-même au plus profond des Pyrénées, dans un lieu où il n'était adoré que par des pâtres? On l'appelle le *Cirque de Gavarnie*. Mais, plutôt qu'un cirque, représentez-vous l'abside d'un temple, taillée à pic dans des rochers hauts de deux mille quatre cents pieds. Quand nous arrivâmes au bas de ces murailles prodigieuses, des nuages rougis par le soleil couchant en voilaient le sommet et flottaient comme une draperie. Puis, quand le vent eut dissipé ces vapeurs, le faîte de l'édifice parut couronné de neiges éternelles sous le pavillon bleu du firmament. La voix des cascades gémissait comme une prière sans fin : s'il restait encore des athées, c'est ici que je voudrais les amener pour les voir tomber à genoux, terrassés et ravis. Rien n'égale ce spectacle, si ce n'est le chaos qu'on traverse pour y arriver. Là des blocs énormes de trente, quarante pieds de haut s'écroulent les uns sur les autres, depuis la cime de la montagne jusqu'au fond du précipice où rugit le gave. On dirait les restes du combat décrit par Milton, quand les esprits bons et mauvais arrachèrent les collines du ciel pour s'entr'écraser. Mais les spectacles pathétiques sont plus rares dans les Pyrénées que dans les Alpes. Les Pyrénées n'ont pas les horreurs sublimes du mont Blanc : elles ont plus d'élégance que de majesté. Les beautés des Pyrénées, ce sont celles de la vallée d'Ossau, de la vallée d'Argelès et du pont d'Espagne. Peu de glaciers, mais de riants mamelons que baignent des gaves limpides ; des croupes arrondies et couronnées de verdure, des pics qui montent vers le ciel avec une légèreté merveilleuse, et dont la crête de granit rose se noie dans l'éclatante lumière du midi. Nulle part on ne voit de plus belles eaux ; ce ne sont plus, il est vrai, les grands lacs de la Suisse ; mais la Suisse n'a pas plus de cascades, elle n'a pas dans les flancs de tous ses rochers de torrents si abondants et si purs. Je trouve en effet comme un sentiment de pureté morale sur ces hauteurs que le pied de l'homme souille rarement, au bord de ces eaux qui ne désaltèrent que l'isard et l'aigle, au milieu de ces plantes qui ne fleurissent que pour parfumer la solitude. David avait vu de près les sommets du Liban, quand il s'écriait : « Le Seigneur est admirable sur les lieux hauts » *Mirabilis in altis Dominus.*

Si les hommes des Pyrénées n'ont pas entrepris de lutter de hardiesse avec les pics qui les environnent, il ne faut pas croire non plus qu'ils n'aient bâti que des taupinières. Souvent un fier donjon s'élance du rocher pour garder l'entrée de ces vallées délicieuses où nos pères marchaient avec moins de sécurité que nous. Tous les caprices de la renaissance ont décoré le château de Pau, et l'art ogival n'a peut-être jamais achevé des nefs plus harmonieuses, plus heureusement éclairées que celle de la cathédrale de Bayonne. Dans ce coin de terre il y a deux peuples historiques, deux peuples conservés, les Béarnais et les Basques. Il faut visiter dans leurs jours de fête ces Béarnais, qui se font gloire d'être restés « fins, féaux et courtois. » Pendant que les provinces environnantes subissent peu à peu l'ignominie de la blouse et du pantalon, les paysans de la vallée d'Ossau ont le bon esprit de garder le costume de leurs ancêtres : les femmes, le capulet qui voile si bien leurs têtes pudiques ; les hommes, le berret, la veste rouge, la ceinture éclatante, la culotte courte et la guêtre, qui donnent à toute la personne un tour vif et dégagé. Jamais on ne vit gens plus lestes à la danse, pendant que le ménétrier, trônant du haut de son tonneau, exécute un air mélancolique et monotone, sur une espèce de guitare à quatre cordes qu'il frappe d'un tampon, à peu près comme on se figure la cithare et le *plectrum* des anciens. Mais jamais aussi on ne vit gens plus recueillis à la procession, et je ne saurais oublier ces deux longues files de montagnards qui se déroulaient au chant des hymnes, sur la place de Laruns, le soir de la Notre-Dame d'août. J'admirais surtout de grands vieillards, droits comme les pins de leurs forêts, portant avec dignité des manteaux qu'on ne voit plus que dans les peintures du moyen âge. Derrière venaient le maire et les adjoints en habits de paysan; l'écharpe officielle se nouait sur leur pourpoint violet; de longs cheveux encadraient leurs visages respectables et fins, types de cette race ingénieuse et polie, aussi habile, assure-t-on, à poursuivre une affaire en justice qu'une bête fauve dans la montagne. Le peuple basque a moins de charme et plus de gravité. Sans doute c'est plaisir de suivre les jeunes gens à ces jeux de paume où deux villages, deux cantons, se livrent un combat de vigueur et d'adresse. Les anciens siégent au banc des juges, et pourquoi tairais-je qu'une fraîche retraite, ménagée dans le mur, garde la bouteille, conseillère des cas difficiles ? Mais plus encore que son jeu de paume, chaque village entretient avec jalousie son cimetière : ce lieu de deuïl est tout planté de rosiers ; on y voit peu de sépultures délaissées, et nul n'entre à l'église sans avoir prié sur la tombe des siens. Le culte des morts est le signe des races qui vivent longtemps, qui ne laissent perdre ni l'esprit de famille ni l'héritage des traditions. Chaque année des centaines de Basques, séduits par les beaux vaisseaux mouillés à Bayonne ou au Passage, vont tenter la fortune en Amérique. Enrichis, ils ont hâte de revoir la maison de leur père, d'envoyer un jeune frère s'enrichir aux mêmes colonies, et d'orner de leurs présents l'église à l'ombre de laquelle ils dormiront à côté des aïeux. Quoi d'étonnant si des hommes qui ne savent pas oublier gardent religieusement la langue de la patrie, si les prêtres et les lettrés veillent sur elle comme sur un feu sacré, si les Basques de nos jours parlent encore l'idiome des vieux Ibères, ces aînés des Germains et des Celtes, et l'un des premiers peuples qui aient quitté le voisinage de Babel pour voir coucher le soleil dans les mers de l'Occident?...

Les montagnes sont toutes divines; elles portent l'empreinte de la main qui les a pétries. Mais que dire de la mer, ou plutôt que n'en faut-il pas dire? La grandeur infinie de la mer ravit dès le premier aspect; mais il faut la contempler longtemps pour apprendre qu'elle a aussi cette autre partie de la beauté qu'on appelle la grâce. Homère le savait bien, et c'est pourquoi, s'il donnait à l'Océan des dieux terribles et des monstres, il le peuplait en même temps de nymphes et de sirènes enchanteresses. J'ai vu le jour s'éteindre au fond du golfe de Gascogne, derrière les monts Cantabres, dont les lignes hardies se découpaient nettement sous un ciel très-pur.

Ces montagnes plongeaient leur pied dans une brume lumineuse et dorée qui flottait au-dessus des eaux. Les lames se succédaient azurées, vertes, quelquefois avec des teintes de lilas, de rose et de pourpre, et venaient mourir sur une plage de sable ou caresser les rochers qui encaissent la plage. Le flot montait contre l'écueil et jetait sa blanche écume, où la lumière décomposée prenait toutes les couleurs de l'arc-en-ciel. Les gerbes capricieuses jaillissaient avec toute l'élégance de ces eaux que l'art fait jouer dans les jardins des rois. Mais ici, dans le domaine de Dieu, les jeux sont éternels. Chaque jour ils recommencent et varient chaque jour, selon la force des vents et la hauteur des marées. Ces mêmes vagues, si caressantes maintenant, ont des heures de colère où elles semblent déchaînées comme les chevaux de l'Apocalypse; alors leurs blancs escadrons se pressent pour donner l'assaut aux falaises démantelées qui défendent la terre. Alors on entend des bruits terribles, et comme la voix de l'abîme redemandant la proie qui lui fut arrachée aux jours du déluge. Au delà de cette variété inépuisable apparaît l'immuable immensité. Pendant que des scènes toujours nouvelles animent le rivage, la pleine mer s'étend à perte de vue, image de l'infini, telle qu'au temps où la terre n'était pas encore et quand l'esprit de Dieu était porté sur les flots. David avait aussi admiré ce spectacle, et peut-être du haut du Carmel son regard embrassait-il les espaces mouvants de la Méditerranée lorsqu'il s'écriait : « Les soulèvements de la mer sont admirables » *Mirabiles elationes maris.*

Tout ceci est peut-être bien solennel pour un début de voyage ; mais on sait que les pèlerinages s'ouvrent par des psaumes.

II

LE CHEMIN DE SAINT-JACQUES.

Fontarabie, le 16 novembre. — Miranda de Ebro, le 17.

Le 16 novembre, par une tiède matinée, nous passions la Bidassoa, et nous laissions fuir derrière nous l'île des Faisans, à demi détruite par les eaux, sans que la France ni l'Espagne aient rien fait pour sauver le coin de terre où fut signée la paix des Pyrénées. La route suivait la côte du Guipuzcoa. D'un côté s'étageaient les cimes abruptes, les pentes boisées, les coteaux cultivés qui rattachent les Pyrénées aux Asturies. De l'autre côté, de fréquentes échappées de vue laissaient apercevoir la mer. Ces grands aspects, la douceur de l'air, la verdure encore toute vive et fraîche dans une saison si avancée, faisaient de ce pays un paradis terrestre, mais un paradis ensanglanté par les passions des hommes ; car nous apercevions de loin le château et les bastions démantelés de Fontarabie. Gardez-vous de laisser à l'écart cette petite et vaillante cité. On y entre comme il convient d'entrer en Espagne, par des ruines, par une porte menaçante et des remparts croulants. Devant vous monte une rue, la plus espagnole que vous trouverez d'ici jusqu'à Tolède, toute bordée de maisons antiques, avec les armoiries sur la porte, avec les balcons, les galeries, les grilles d'où les dames de céans voient et se laissent voir. Au haut de la rue s'élèvent deux nobles édifices, le château de Charles V, dont la masse noire et cyclopéenne a essuyé nos boulets ; l'église, seule intacte au milieu de cette ville délabrée, comme pour rappeler que le Dieu des ruines est aussi celui des résurrections. Fontarabie ne se tient pas pour morte ; les pêcheurs de sardines y forment une tribu fière de la pureté de son sang et de l'honnêteté de ses filles. Les palais n'y sont plus que des masures, mais des masures pleines de soleil, d'enfants et de joyeuses chansons.

A quelques milles de Fontarabie, les rochers du rivage s'ouvrent, et les collines s'arrondissènt pour former le port du Passage. Quand l'Espagne régénérée aura reconstruit ses flottes, elles trouveront un abri sûr dans ce Gibraltar du Nord. Voici le riche village de Renteria, et des vergers de pommiers dignes d'une ferme de Normandie. Bientôt une longue chaussée conduit aux portes de Saint-Sébastien. Quoi de plus pittoresque et de mieux posé que cette ville au pied de sa montagne pressée de trois côtés par la mer ? Pourquoi faut-il que les vieilles habitations biscayennes, brûlées et rasées par les

Anglais, aient fait place à des rues monotones, toutes tirées au cordeau, toutes jaunissantes du même badigeon? Seules se détachent de cette perspective les deux églises de la Vierge et de Saint-Vincent. Leurs voûtes hautes et larges reposent sur d'élégants piliers de la renaissance. Saint-Vincent a déjà un de ces grands retables qui font l'orgueil des églises espagnoles, et qui, montant jusqu'à la voûte, portent toute une épopée religieuse dans leurs tableaux, tout un paradis dans leurs sculptures. Je n'oublierai pas non plus la place du marché, animée par des groupes de vigoureux paysans et de paysannes qui laissent tomber jusqu'aux talons leur longue natte. Les fruits du pays, les vins enfermés dans des outres, arrivent sur des chariots à bœufs, dont les roues pleines et sans rayons représentent assez bien les équipages d'Alaric et d'Attila. Cependant l'alguazil fait sa ronde sous les arcades, tout de noir vêtu, le tricorne en tête, le manteau sur les épaules, les culottes courtes : on le prendrait pour un familier de la sainte inquisition.

En quittant Saint-Sébastien, on s'éloigne de la mer, et l'on s'engage dans une vallée semblable à celles des Basses-Pyrénées, verte encore et arrosée d'un gave rapide. C'est la même nature, le même peuple basque avec son industrie et son activité. Pas un pouce de terre perdu sur ces hauteurs; les villages se succèdent nombreux et bien bâtis. Là des filatures et des forges, ici la maison de l'émigrant qui a fait fortune en Amérique et qu'on appelle l'*Indien*. Le gros bourg de Tolosa marque cette première rampe d'un escalier de géants. Au delà, le pays devient plus sévère, la route plus escarpée : nous la poursuivons cependant au grand trot de nos mulets.

Qui n'a entendu parler des attelages espagnols, de cette longue file de mules attachées deux à deux, que le *mayoral* gouverne du haut de son siége avec autant de dextérité que de hardiesse, mais non sans les animer par une conversation soutenue, par des noms flatteurs, des cris pathétiques : « *Brava, Capitana! Adelante, Catalana! Animo, Pastora!* » Tant fut procédé du geste et de la voix, que *Pastora* tomba sur le flanc et ne se releva que sous les sifflements du fouet. O pays de Garcilaso et de Montemayor! terre classique de l'églogue, pouvez-vous supporter cette profanation du nom de vos bergères! Enfin les bœufs viennent renforcer tardivement nos haquenées, et nous font franchir le rude passage de Salinas. La nuit nous dérobe la florissante ville de Vitoria, et le jour nous surprend à Miranda de Ebro, sur la frontière de la vieille Castille. Nous pouvons nous croire sur la frontière de Sibérie.

Il faut se figurer l'Espagne comme une montagne immense dont les pentes se plongent dans des mers tièdes ou brûlantes, et dont le sommet porte une vaste plaine sillonnée à son tour par d'autres montagnes. Ce plateau forme les deux Castilles, l'Estramadure et la Manche, élevé de deux mille pieds au-dessus de l'Océan, dévoré tour à tour par les feux et par des vents glacés. Les Espagnols disent : « Six mois d'enfer, six mois d'hiver » ; ces mois commençaient. Au lieu des chaudes brises qui caressaient hier le golfe de Biscaye, nous trouvions ici le souffle des frimas et des neiges.

Le paysage était triste et saisissant : aussi loin que s'étendait la vue, une campagne nue, sans arbres, depuis longtemps dépouillée de ses récoltes ; au levant et au couchant, deux chaînes, âpres et noires découpant leurs arêtes sur un ciel nuageux ; à nos pieds, l'Èbre roulant ses eaux avec le caprice d'un torrent ; aux deux bouts du pont qui le traverse, les rues de Miranda, étroites, misérables, déshonorées de haillons et d'immondices. L'église de Saint-Nicolas, avec son abside romane, sa nef humble et basse, ses fenêtres avares de lumière, rappelle le temps où les chrétiens pauvres, peu nombreux, moins occupés de bâtir que de combattre, disputaient encore ce coin de terre aux mécréants.

Des groupes animés consolaient la tristesse de la scène. C'étaient des pâtres accoutrés de peaux de mouton, chassant devant eux ces troupeaux voyageurs qui vont chaque année de la Sierra Nevada aux Pyrénées, des muletiers à la ceinture éclatante, à la veste brodée, jetant sur leur épaule la couverture de laine aux mille couleurs; c'étaient des mendiants drapés dans leurs guenilles avec moins de grâce que les Italiens, mais avec plus de fierté. Ce peuple ne ressemble plus à celui des provinces basques. Nous avons affaire à une race pauvre et paresseuse, mais originale et forte, aux

Castillans nobles comme le roi, et trop bien nés pour rien faire s'ils ont du pain, « aux bons vieux Castillans, » *Castellanos rancios y viejos.*

Le premier aspect du pays ne se dément pas. Seulement les deux chaînes qui bornaient la vue à l'est et à l'ouest se rapprochent et enferment la route entre deux murs de rochers dont les crêtes semblent découpées par la foudre. Ce sont les gorges de Pancorbo, teintes du sang des infidèles au neuvième siècle : les restes d'un château dominent la bourgade désolée. On dirait que la guerre vient de passer sur ces villages en ruine, sur ces maisons sans vitres, quelquefois sans portes, et cependant bâties en pierres de taille, comme pour soutenir des siéges. Cette route mélancolique et menaçante était cependant la plus fréquentée des pèlerins qui se rendaient de France ou d'Italie à Saint-Jacques de Compostelle. Que de pauvres gens y cheminèrent dans les larmes, allant chercher la rémission de leurs péchés, la guérison d'un malade, la délivrance d'un captif! Et à travers quels périls, quand les bandes sarrasines battaient le pays, quand les eaux débordées emportaient les chaussées et les ponts! On lit dans la légende de sainte Bonne, vierge de Pise, que, faisant le pèlerinage de Saint-Jacques avec une grande troupe de fidèles réunis par le même danger, elle arriva au bord d'un torrent dont le pont était ruiné de telle sorte que nul de la compagnie n'osait le franchir. Et le Christ, apparaissant à la sainte, lui dit : « Lève « les bras vers le ciel et passe. » Or, comme elle commençait à marcher sur les poutres chancelantes, ses compagnons lui criaient : « Madame, ne vous hasar« dez point, car vous vous noierez sans « faute. » Mais au même moment une multitude de saints descendirent du ciel, papes, évêques, la mitre en tête et couverts de leurs ornements, et ils se rangèrent dans le torrent des deux côtés du pont, et la pèlerine passa. Quand elle fut sur l'autre rive, le Christ lui dit encore : « Appelle tes compagnons, car nul « d'entre eux ne périra, si tu tiens les « mains levées au ciel tandis qu'ils tra- « verseront les eaux. » Quelques-uns des pèlerins hésitaient à s'acheminer sur la parole de la sainte; mais un autre, plus pur et dont les yeux étaient dessillés aux choses du ciel, déclara qu'il voyait les bienheureux papes et évêques rangés des deux côtés, et, s'avançant le premier d'un pas rapide, il entraîna toute la bande après lui.

Il ne fallait pas moins qu'une garde céleste pour rassurer les pèlerins du douzième siècle. Les carabiniers de la reine d'Espagne, qui nous escortent depuis hier, nous tranquillisent moins qu'ils ne nous alarment, en nous rappelant que nous voyageons en compagnie de dix-sept millions de réaux, par des chemins où l'on n'est pas sans rencontrer quelque soir six escopettes derrière un buisson. Toutefois la solitude se peuple, les noms historiques se succèdent sur la route. Nous laissons à l'écart les montagnes d'Auca, dont les évêques siégèrent aux premiers conciles d'Espagne. Voici l'enceinte murée de Briviesca, où le roi Jean Ier convoqua les cortès de 1388. Enfin le riche hameau de Gamonal annonce les approches de Burgos ; et les tours de la cathédrale, qui se découvrent, publient qu'un jour, sur cette terre aride et indigente, l'inspiration chrétienne est descendue.

III

LA VILLE DES HÉROS.

Burgos, le 18 novembre 1852.

Le premier abord de Burgos n'a rien d'héroïque. On y entre par le faubourg qui suit la rive gauche de l'Arlanzon, en tout semblable à nos faubourgs, bordé d'auberges et d'entrepôts, et qui n'a d'espagnol que les clochers des églises et les galeries suspendues au dernier étage de quelques maisons. Un pont de pierre, fortement assis sur le lit capricieux de la rivière, conduit à la rive droite. Là se déploie la cité de Burgos, avec tous les dehors d'un chef-lieu de province de second ordre : un large quai (*espolon*) orné d'arbres maigres et de statues médiocres ; plus loin, la *plaça Mayor*, entourée de portiques, où ne cessent d'errer des groupes de Castillans jeunes et vieux, aussi fièrement enfoncés dans leur oisiveté que dans leur manteau. Derrière la place se prolonge la rue de la Colombe (*calle de la Paloma*), nom poétique et trompeur du quartier mercantile, où toute empreinte nationale s'efface sous les progrès de la civilisation européenne. Ici les maisons ont des portes, des vitres presque entières, et jusqu'à des cheminées. Mais si vous conservez une âme chimérique, si vous êtes épris de ruines et d'infortunes, consolez-vous : cette prospérité apparente ne fait que vous cacher des rues abandonnées, des espaces déserts où quelque décombre garde un grand nom. Prenez pour guide un de ces enfants en haillons, je ne jure point qu'il refusera vos maravédis, mais assurez-vous qu'il sera fier de vous montrer la ville des héros.

Au nord de la ville moderne, et en redescendant vers l'ouest, se déroule l'antique ceinture de murailles, à demi détruites, mais larges encore et menaçantes, couronnées de créneaux et percées de portes dont l'arcade en fer à cheval rappelle le temps des Maures. La tradition s'attache comme le lierre à ces vieux débris. On dit qu'en 884 un chef chrétien, Diego Porcellos, ayant défait les Sarrasins dans les gorges de Pancorbo, bâtit cette enceinte pour y mettre à l'abri les femmes, les enfants, le butin de ses soldats, et la nomma du nom germanique de *Burgos* (*burg*, château). Ce fils des Goths voulut retremper sa race dans le sang des hommes du Nord. Sa fille, Sulla Bella, épousa un seigneur allemand venu en pèlerinage à Saint-Jacques de Compostelle, et retenu dans ces contrées par le pieux désir de combattre les mécréants. De cette union seraient descendus à différents degrés Nuño de Rasura, le comte Fernan Gonzalez, les sept infants de Lara, le Cid. La légende a trouvé le moyen de réunir en une seule lignée tous les héros de la Castille.

La légende a ses raisons : en faisant remonter dans la nuit des temps la généalogie de ses héros, elle cherche à les affranchir de la suzeraineté des rois. Elle personnifie ainsi l'antique rivalité du comté de Castille et du royaume de Léon. L'histoire de ces temps obscurs laisse voir les princes de Léon étendant jusqu'à Burgos une autorité mal affermie. Mais la légende prend soin de leur en faire trancher les nœuds par un crime. Ordoño II invite à une fête les chefs des Castillans et les met à mort. Le peuple soulevé adjure les rois et se donne des juges. Nuño de Rasura et Laïn Calvo jugent dans Burgos, comme autrefois Josué et Gédéon dans Israël. On ne sait rien de leur gouvernement. Mais comment douter de leur existence quand on vous aura montré dans une des salles de l'ayuntamiento la chaise de bois, basse et sans ornement, d'où ils prononçaient leurs sentences selon les *fueros* de la nation [1]?

Un monument plus considérable, mais d'un moindre caractère, marque le lieu où fut la maison de Fernan Gonzalez. Qui croirait que Philippe II, l'ombrageux monarque, érigea cet arc de triomphe en l'honneur du grand comte de Castille, qu'on voit souvent armé contre les infidèles, mais toujours l'épée au poing contre les rois? Il est chanté dans les ballades comme l'infatigable chef qui conquiert un à un les châteaux voisins de Burgos, refoulant les musulmans au midi, les Navarrais au nord, et réunissant la Castille, au

1. Ici et pour ce qui va suivre, je consulte souvent une récente et instructive notice, *Apuntes sobre Burgos*, publiée dans cette ville avec des *illustrations* qui ne manquent ni de goût ni de fidélité.

dixième siècle, en un seul comté libre et héréditaire. Le ciel le seconde contre les infidèles, et l'amour de sa femme contre ses ennemis chrétiens. A Piedrahita, il combat depuis trois jours sans pouvoir rompre les escadrons des mécréants, quand l'apôtre saint Jacques apparaît à ses côtés, monté sur un coursier blanc, armé d'une étincelante épée, et frappant d'estoc et de taille jusqu'à ce qu'il ait fixé la victoire. Deux fois trahi par les rois de Navarre et de Léon, et jeté dans les cachots de leurs châteaux, Fernan Gonzalez en sort deux fois par les artifices de sa femme doña Sancha et par le dévouement de son peuple. A la nouvelle de sa captivité, tous les hommes de Burgos se sont levés. « Tous ont fait le jurement, tous « d'une seule voix, de ne point rentrer en « Castille sans le comte leur seigneur. A « leur tête ils mènent, sur un chariot, « son image taillée en pierre : ils ont « résolu, s'il ne revient pas, qu'ils ne re-

« viendront point eux-mêmes. Non ! et « comme de bons vassaux, ils cheminent « au bord de l'Arlanzon, au pas des bœufs, « et mesurant leurs journées sur le soleil... « Il s'agit d'affranchir la Castille du cens « féodal qu'elle doit à Léon[1]. » En effet, le grand comte n'a pas d'autre pensée. Convoqué aux cortès de Léon, il s'y rend hardiment, sans peur de cette prison où il a langui de si longs jours ; il s'y rend montant un cheval de prix et portant sur le poing un vigoureux faucon. Le roi convoite ces animaux superbes et les achète pour une somme payable à terme fixe, et qui doit doubler par chaque jour de retard. Livraison faite, la dis-

1. Juramento llevan hecho
Todos juntos a una voz,
De no volver a Castilla
Sin el conde, su señor.
La imagen suya de piedra
Llevan en un carreton,
Resueltos, si atras no vuelve,
De no volver ellos, non!...

corde éclate entre les deux contractants. Après plusieurs années de guerre, Fernan, victorieux, demande pour toute condition le prix de ses bêtes. Les arbitres désignés reconnaissent que tous les trésors du royaume n'y suffiraient pas ; et Fernan obtient en échange de sa créance l'indépendance absolue de son comté. « Le « comte le tint pour bon, car il lui pesait « beaucoup de baiser la main d'un autre « homme, et il rendait à Dieu beaucoup « de grâces pour avoir délivré de l'allé- « geance de Léon la glorieuse Castille[1].» Ainsi chante la ballade espagnole : les peuples mêlent volontiers à leurs origines la ruse et l'héroïsme. Carthage se souvenait de la peau de bœuf qui avait mesuré son territoire, et toute la Grèce met-

1. El conde lo hubo por bien,
Porque mucho le pesaba
De besar mano á ninguno;
Y a Dios muchas gracias daba
Por sacar de subjecion
De Leon a Castilla honrada.

tait à côté d'Achille l'artificieux Ulysse.

Si maintenant votre guide, plus jaloux de suivre l'ordre de la légende que de ménager vos pas, vous fait descendre de la hauteur solitaire où s'élève l'arc de Fernan sur la place de la cathédrale, il vous montrera au portail du noble édifice une file de têtes sans corps. La tradition veut que cette sinistre décoration rappelle les sept têtes coupées des sept infants de Lara. Ne craignez pas que j'abuse de mes avantages, et, pour avoir acheté tout à l'heure l'*Histoire véritable des sept infants de Lara,* au coin du marché aux herbes, chez une marchande de ballades qu'entourait une nombreuse clientèle de muletiers, ne pensez pas que je menace de vous répéter d'un bout à l'autre ce long récit. Je remarque seulement que la scène s'ouvre, comme celle des Niebelungen, par la querelle de deux femmes au milieu d'une noce. Doña Lambra veut être vengée sur l'époux et les sept fils de sa rivale. Déjà, par ses artifices, Gonzalo Bustos de Lara, le loyal chevalier, est tombé aux mains d'Almanzor, roi de Cordoue ; il vit captif, mais dans une captivité honorée, à la cour du musulman. Cependant ses sept fils, les sept infants, traîtreusement engagés dans une embuscade, succombent sous le nombre, et leurs têtes coupées arrivent à Cordoue. « A la table d'Almanzor est assis don Bustos de Lara ; car il est bien digne de manger avec les rois, l'illustre seigneur. Et après lui avoir servi mille viandes, selon l'usage, le roi lui dit : « Ami Gonzalo, un mets précieux « nous fait faute. » Le noble hidalgo répondit en découvrant ses glorieux cheveux blancs : « A votre table, seigneur, on ne « saurait avoir faute de rien. » Là-dessus vint un large bassin couvert d'une nappe, et dessus, sept têtes, rameaux morts de ce tronc dépouillé. Gonzalo considère le bassin et dit : « Ah ! fruits précoces ! qui « vous a transportés de Burgos aux champs

« des infidèles[1]? » Tout le monde sait le reste, et comment Mudarra le bâtard poursuivit la vengeance de ses frères. Les gens de Burgos montrent la tour d'où la première ouvrière de tant de maux, doña Lambra, se précipita de désespoir. On l'appelle encore la tour de la Suicidée.

Mais ces légendes guerrières ne sont, à vrai dire, que les préludes de l'épopée castillane. Tout le génie de la vieille Castille a passé dans l'histoire du Cid. L'action commence à Burgos, au manoir paternel du héros; elle s'achève près de Burgos, au sanctuaire national de Saint-Pierre de Cardeña. Au bord d'une rue déserte, jadis retentissante du bruit des hommes et des

1. En esto vino una fuente
Que cubria una toalla,
Y en ella siete cabezas,
De aquel tronco muertas ramas.
Mira la fuente Gonzalo
Y dice : « Ay fruta temprana,
Quien vos trasportó de Burgos
A los campos de Arabiana? »

chevaux, un pilier de pierre, entre deux petits obélisques, s'élève sur l'emplacement de la maison où naquit l'invincible batailleur. Ainsi l'atteste l'inscription :

En este sitio estuvo la casa y nació el año MXXVI Rodrigo Diaz de Vivar llamado el Cid Campeador.

Si la *Chronique* du Cid semble placer son fief héréditaire au bourg de Vivar, les ballades lui donnent maison de ville et pignon sur rue. Là, sans doute, il jura de venger l'outrage de son vieux père. Là il introduisit Chimène, en descendant du château de Burgos, où furent célébrées ses noces. Là souvent la noble dame languit dans l'attente du guerrier :

En los solares de Burgos
A su Rodrigo aguardando.

Quelques pas encore, et vous êtes au pied de l'église de Sainte-Agathe (*Sant' Agueda*), restaurée au quinzième siècle, mais dont l'étroite nef rappelle les proportions des premières basiliques espagnoles. Sainte-Agathe était cependant un sanctuaire vénéré, une des trois *iglesias juraderas*, où les accusés se purgeaient par serment. Franchissez le seuil, et vous assistez au second acte du poëme espagnol, à la lutte du Cid contre le roi. L'indépendance de la Castille, si bien acquise par Fernan Gonzalez, n'a duré qu'un siècle. Les princes de Léon, fortement établis dans Burgos, poussent leurs chevauchées royales à travers la contrée, levant le tribut et forçant la noblesse au service féodal. De leur côté les *ricos hombres* se retranchent dans leurs coutumes défiantes et jalouses. L'antagonisme des chefs de guerre et du souverain politique se fait jour en Espagne comme en Grèce ; la dispute éclate entre le Cid et Alfonse VI, comme entre Achille et Agamemnon. Mais la colère du Cid est chrétienne, elle éclate dans une église et pour de graves soupçons : le roi Alfonse VI, accusé par la rumeur publique d'avoir fait mourir son frère don Sanche, est requis de se justifier. « Et le jour que le roi devait jurer, étant à Sainte-Agathe, le Cid prit dans ses mains le livre des saints Évangiles et le posa sur l'autel. Et le roi don Alfonse étendit les mains sur le livre, et le Cid commença à l'interroger en ces termes : « Roi don Alfonse, vous venez « jurer, touchant la mort du roi don « Sanche votre frère, que vous ne l'avez « pas tué, que vous n'avez pas été dans « le secret du meurtre. Dites : *Je le jure*, « vous et ces autres hidalgos[1]. » Et le roi et ses hidalgos répondirent : « Nous « le jurons. » Et le Cid ajouta : « Si vous « en avez su ou ordonné quelque chose, « puissiez-vous mourir de la mort du roi « don Sanche votre frère ! qu'un vilain « vous tue, et non le fils d'un noble !

1. On reconnaît ici les *conjuratores* des anciennes lois germaniques.

« qu'il vienne d'une autre terre, et non « de Castille ! » Le roi et les fils de nobles qui juraient avec lui répondirent : « *Amen*. » Et le Cid voulut que le roi répétât par trois fois le même serment. La seconde fois le roi changea de couleur ; la troisième, il fut très-irrité contre le Cid et désormais il ne l'aima plus[1]. La tradition, qui souvent se dégrade en descendant le cours des siècles, a gâté ce beau récit. Elle prête aux contemporains du Cid une superstition triviale, et les fait jurer, non plus sur l'Évangile, mais sur un verrou (*el verrojo*), qu'on montre encore à la porte de l'église.

Or Alfonse VI n'avait pas oublié son ressentiment ; et, comme un jour le Cid était venu le trouver entre Burgos et Vivar, le roi lui dit : « Ruy Diaz, sortez de ma terre. » Le Cid donna des éperons à sa monture et sauta dans une terre de son

1. *Cronica del Cid,* cap. LXXVIII et LXXIX.

patrimoine : « Seigneur, lui dit-il, je ne suis pas sur votre terre, mais sur la mienne. » Le roi reprit, fortement courroucé : « Sortez de tous mes royaumes et sans délai. » — Ici commence l'exil du Cid. C'est à Burgos qu'il en faut lire l'histoire, près de cette porte moresque par laquelle le banni passa, sur les ruines de ces murs vers lesquels il retourna les yeux. Il la faut lire dans le *Poëme du Cid*, plus ancien que les *Romances*, plus ancien que la *Chronique*, et dont le texte mutilé débute par la disgrâce du héros : « Mon Cid Ruy Diaz entrait dans Burgos ; il menait en campagne soixante bannières. Hommes et femmes sortent pour le voir. Les gens de Burgos sont aux fenêtres, pleurant de leurs yeux, tant ils ont de douleur ; et de leurs bouches tous disent une même parole : « Dieu ! quel bon « vassal, s'il avait un bon seigneur ! » Mais nul n'osait l'inviter. Le Campeador s'achemina vers son gîte ; quand il y arriva, il trouva la porte bien fermée... Les gens du Cid crient d'une forte voix : ceux du logis ne veulent répondre mot. Mon Cid poussa son cheval; il était à la porte, il retira le pied de l'étrier, il frappa. La porte ne s'ouvrit point, elle était bien close. Une fille de neuf ans se fit voir : « Campeador, bénie est l'heure où vous avez « ceint l'épée! Mais le roi l'a défendu. « Hier au soir vint sa lettre, avec grande « solennité et scellée fortement. Pour rien « au monde nous n'oserions vous ouvrir « ni vous héberger; sinon nous perdrions « notre avoir, nos maisons, et de plus les « yeux de nos têtes. Cid, à notre mal « vous n'avez rien à gagner; mais puisse « vous aider le Créateur avec toutes ses « saintes vertus! » Ainsi dit l'enfant, et elle rentra dans la maison. Le Cid vit maintenant qu'il n'avait nulle grâce à espérer du roi. Il s'éloigna et chemina rapidement par Burgos. Il arriva à Sainte-Marie. Aussitôt il descendit de sa monture, il se jeta à genoux et pria de cœur. La prière faite, aussitôt il chevaucha, sortit par la porte et prit gîte au bord de l'Arlanzon. Près de la ville, sur la grève, il campa et planta sa tente[1].

Quand l'exilé s'agenouillait à Sainte-Marie, avant de sortir par la porte du fleuve, l'humble église était encore bien loin du moment où, sous les auspices de saint Ferdinand, elle devait élargir ses murailles, élever ses voûtes et devenir Notre-Dame de Burgos. Pourtant la cathédrale puissante garde avec piété le souvenir du héros humilié qui pria sur ses dalles. Dans une des salles capitulaires, un grand coffre est suspendu comme la châsse d'un saint. Au-dessous on a placé le portrait du Cid, tout bardé de fer, comme pour soutenir envers et contre tous le récit que vous allez lire. Il était beau de sortir de son fief accompagné de

1. *Poema del Cid,* vers 15 y segg.

soixante bannières. Mais il fallait nourrir ceux qui les suivaient. « Alors le Cid prit à part Martin Antolinez, son neveu, et l'envoya trouver à Burgos deux juifs, Rachel et Bidas, avec lesquels il avait coutume de trafiquer de son butin ; il leur mandait qu'ils vinssent le trouver au camp. Cependant il fit prendre deux coffres grands et garnis de fer, munis chacun de trois serrures, si lourds qu'à peine quatre hommes pouvaient en soulever un, même vide. Et il les fit remplir de sable et couvrir la surface d'or et de pierres précieuses. Et quand les juifs furent venus, il leur dit qu'il avait là quantité d'or, de perles et de pierreries, et que, ne pouvant emporter ce grand avoir avec lui, il les priait de lui prêter sur ces deux coffres ce dont il avait besoin. Et les juifs lui prêtèrent trois cents marcs d'or et trois cents d'argent. » Mais, quand le Cid eut pris Valence, il renvoya les trois cents marcs d'argent et les trois cents d'or pour dégager ses deux coffres de sable, « priant Rachel et Bidas de lui pardonner, car il l'avait fait avec chagrin[1]. » — Ce dernier trait me touche. Je croyais le Castillan ravi d'avoir joué un si bon tour à deux infidèles. Mais son honneur chrétien en souffre, et il a besoin de pardon.

L'Achille de l'Espagne ne restera pas en repos sous sa tente; au bout de sa lance désormais libre et souveraine, il porte la guerre aux mécréants. Il n'aura pas de paix qu'il n'ait enlevé Valence, « l'honneur et la joie des Maures, la ville aux fortes murailles, dont les blancs créneaux reluisaient de loin au soleil[2]. » Le siége sera long et la famine cruelle. « Le père ne donne plus de conseil au fils, ni le fils au père, ni l'ami à l'ami; ils ne peuvent se

1. *Cronica del Cid,* cap. XC et CCXIV. Je reviens ici à la *Chronique,* dont le récit est plus court.

2. Expressions d'une complainte arabe sur la prise de Valence, publiée pour la première fois dans la préface du *Cancionero de Baena.*

consoler. C'est une mauvaise condition, seigneurs, de manquer de pain, de voir mourir de faim enfants et femmes[1]. » Le poëme suit don Rodrigue dans ses conquêtes. Nous l'attendons au terme de toutes les choses humaines, au tombeau qu'il s'est choisi non loin du manoir de ses aïeux. A deux lieues au sud-est de Burgos s'élève l'abbaye de Saint-Pierre de Cardeña, la plus ancienne colonie de l'ordre de Saint-Benoît en Espagne : une princesse de la race royale des Goths la fonda en 537 pour y déposer les restes de son fils. C'est aussi une maison glorieuse, et qui a pris sa part de la lutte nationale contre les Sarrasins. En 872, les infidèles la saccagèrent et massacrèrent sous ses cloîtres l'abbé Étienne avec deux cents moines. En

1. *Poema del Cid* :

> Nin da consejo padre a fijo, nin fijo a padre,
> Nin amigo a amigo; no se pueden consolan
> Mala cuenta es, señores, aver mengua de pan,
> Fijas e mugieres verlos morir de fambre.

899, Alfonse III releva le monastère; mais on dit que pendant six cents ans, au jour anniversaire du massacre, le sang des martyrs reparut sur les pierres où il avait été versé. On ajoute qu'il cessa de se montrer en 1492, quand la prise de Grenade eut lavé pour toujours l'injure des chrétiens. Ce lieu fut aimé du Cid. C'est à l'abbé de Cardeña qu'il confia sa Chimène et ses deux filles en partant pour l'exil; c'est à Saint-Pierre qu'il veut avoir sa sépulture. C'est là que sa veuve et ses amis le ramènent de Valence, embaumé, lacé dans son armure, dressé sur son cheval de guerre. C'est là qu'ils le déposent, non point couché dans une tombe comme le vulgaire des morts, mais assis sur un escabeau, enveloppé dans son manteau et la main sur son épée. Quatre ans après, doña Chimène fut ensevelie à ses pieds. « Et, quand le bon cheval Babieça mourut aussi, l'écuyer qui en prenait soin, ne pouvant l'ensépulturer dans le monastère, l'enterra à la porte à main droite, et planta deux ormes, l'un aux pieds, l'autre à la tête, et ces arbres devinrent très-grands. » Plus tard le roi Alfonse X éleva au Cid un tombeau dans le chœur de l'église, avec cette inscription, qui sent plus le soldat que le grand clerc :

> Belliger, invictus, famosus morte, triumphis,
> Clauditur hoc tumulo magnus Didaci Rodericus.

Mais les siècles n'ont pas épargné le monument du Cid. Les bénédictins de Cardeña le transférèrent du chœur à la sacristie, de la sacristie au chœur, puis à la chapelle de Saint-Sisebut. En même temps le vandalisme des restaurations modernes défigura l'église. Ce fut merveille qu'on laissât au portail la statue équestre du Cid foulant aux pieds de son cheval un Sarrasin. Cependant le vieux banni ne devait pas trouver d'asile assuré contre les caprices des hommes. Les Français emportèrent sa tombe à Burgos pour en décorer la promenade publique. La restauration la rétablit sous les voûtes de Saint-Pierre. Enfin, quand une loi violente ferma les portes des couvents, l'ayuntamiento de Burgos, craignant qu'un touriste anglais n'enlevât les os de Rodrigue et de Chimène demeurés sans gardien, les retira de l'antique abbaye et les déposa à la chapelle de l'hôtel de ville, dans un cercueil de bois de noyer. Ce n'était pas sans quelque doute sur leur authenticité, mais ce n'était pas non plus sans mélancolie que je contemplais ces restes, montrés pour deux réaux par un valet qui leva le drap funéraire et ouvrit le cercueil. J'ai horreur de ce qui viole le secret de la mort, et je ne puis souffrir le spectacle de ces ossements desséchés, à moins que la sainteté n'ait jeté sur eux un vêtement impérissable. L'Église elle-même entre dans ces délicatesses, et, lorsqu'elle expose les reliques des saints, c'est de loin qu'elle les fait voir au peuple, enchâssées dans l'or, sous un voile de cristal et sous un nuage d'encens.

Les magistrats de Burgos, il y a trois cents ans, savaient mieux honorer leurs grands hommes. Lorsque la bataille de Villalar eut ruiné la cause des *comuneros* pour laquelle Burgos avait tiré l'épée, la ville voulut conjurer la colère de Charles V en lui élevant un arc de triomphe. Mais elle voulut en même temps montrer qu'elle n'avait rien perdu de sa fierté, et le monument de sa soumission fut aussi celui de ses vieilles gloires. Ne m'accusez plus de m'arrêter à des inscriptions, à des pierres en désordre, à des débris sans art. Après sa cathédrale, Burgos n'a peut-être pas d'édifice plus frappant que celui-ci, plus inspiré du vieil esprit castillan, plus libre des traditions classiques. A l'extrémité du quai de la rive droite et en face du pont s'ouvre une porte féodale entre deux tours saillantes, d'un style sévère et orné. Au-dessus de la large voûte, des niches ont reçu les images du fondateur de la cité, Diego Porcellos, et des juges de Castille, Nuño de Rasura et Laïn Calvo. Au second étage, la statue de Charles V sur un socle plus élevé, à sa droite et à sa gauche Fernan Gonzalez, le grand comte, et le Cid, sa bonne épée à la main, sur la poitrine sa longue barbe chantée par les poëtes. Au-dessus du puissant empereur, et pour lui rappeler un pouvoir plus grand que les rois, la figure d'un ange armé du glaive exterminateur. Enfin, au sommet de l'édifice, entre les quatre tourillons crénelés qui le couronnent, la Vierge avec l'enfant, pour attester que la grâce est encore plus puissante que le glaive [1].

Voilà les temps héroïques de la Castille dans leur force et leur rudesse, tempérées par la douceur du christianisme. J'y remarque trois grands traits : d'abord la foi religieuse qui conduisait la guerre contre les mécréants. Car on ne

1. C'est peut-être ici le lieu de tracer la généalogie fabuleuse qui réunit les héros de la Castille en une seule

se représente pas assez les prodiges de dévouement et de persévérance au prix desquels il fallait sauver la nationalité chrétienne, « alors que (selon l'expression d'un ancien chroniqueur) la lutte contre les Maures était dans toute son horreur, alors que tous les rois, les comtes, les nobles et tous les chevaliers avaient l'écurie de leurs chevaux dans la chambre où ils dormaient avec leurs femmes, afin que, s'ils entendaient le cri de guerre, ils pussent trouver bêtes et armes sous la main et chevaucher sur-

famille, comme l'arc de Sainte-Marie réunit leurs images en un seul monument.

DOM DIEGO PORCELLOS.
Sa fille
SULLA BELLA
est mère de deux fils.

NUÑO RASURA, juge de Castille,		GUSTIO GONZALEZ,
son fils NUÑO FERNANDEZ est père de FERNAN GONZALEZ	De sa fille mariée à LAIN CALVO, descend DIEGO LAINEZ, père du CID.	aïeul des sept infants de LARA.

le-champ. » Ensuite vient la passion de l'indépendance, non-seulement de l'indépendance personnelle, mais des libertés castillanes. C'est elle qui tient ces juges, ces comtes et Fernan Gonzalez, et le Cid en querelle éternelle avec le roi de Navarre et de Léon. Il ne faut point voir en eux, comme on l'a trop fait, des factieux, des ennemis de toute loi. Ils se portent au contraire pour les défenseurs des lois anciennes, des *fueros,* que le peuple défendra encore contre Alfonse X, contre ses légistes et son code des *Siete partidas*. Enfin j'admire ici les affections domestiques dans toute leur simplicité et toute leur énergie. C'est la main d'un frère vengeant les sept infants de Lara; c'est le dévouement d'une femme rompant deux fois les chaînes de Fernan Gonzalez. C'est le Cid, comme fils, lavant la honte de son père; comme mari, gardant fidèlement à Chimène cette main qu'il lui a tendue sanglante; comme père, poursuivant l'injure de ses filles. Voyez dans le poëme, quand le héros banni quitte Saint-Pierre de Cardeña, l'admirable scène des adieux. « Il prit ses filles dans ses bras, il pleura de ses yeux, tant il soupirait profondément : « Ah! Chi-« mène, ma femme si accomplie, je « vous aimais comme mon âme! Vous le « voyez, il faut nous séparer en cette « vie. J'irai et vous resterez. Plaise à « Dieu et à sainte Marie que de mes « mains je puisse un jour établir mes « deux filles que voici! Plaise à Dieu de « me donner bonne fortune et quelques « jours de vie, et de faire que vous, « femme honorée, vous ayez bon service « de moi! » Mon Cid et sa femme vont à l'église. Doña Chimène se jette à genoux sur les marches de l'autel, priant le Créateur, du mieux qu'elle sait, de garder de tout mal le Cid Campeador : « Tu es le roi des rois, dit-elle, et le « père du monde. Je t'adore et crois

« en toi de toute ma volonté, et je prie « saint Pierre qu'il m'aide à prier pour « mon Cid Campeador. Que Dieu le « garde de malheur! Puisque aujour- « d'hui nous nous quittons, qu'il nous « fasse retrouver dans la vie! » La prière était faite et la messe achevée. Voilà qu'il faut chevaucher. Le Cid embrasse doña Chimène, et Chimène va baiser la « main du Cid, pleurant de ses yeux; car elle ne sait que faire. Et lui, il recommençait à regarder ses filles : « Je « vous recommande à Dieu, mes filles, « et à votre mère, et à votre père spiri- « tuel. » Ainsi se séparèrent-ils comme l'ongle se sépare de la chair[1]. Vous

1. Salieron de la eglesia ya quieren cavalgar.
El Cid a doña Ximena ibala abrazar,
Doña Ximena al Cid la mano 'l va a besar,
Lorando de los ojos, que non sabe que se far.
E el a las niñas tornó las a catar,
« A Dios vos acomiendo, fijas;
« E a la mugier e al padre spiritual... »
Asi s' parten unos d' otros como la uña de la carne.

ne retrouvez rien ici de ces sentiments affadis où se complaît l'art des troubadours. La nature n'a pas besoin de subtilités et de raffinements; elle a des cris pour remuer jusqu'au fond les entrailles des hommes. Vous reconnaissez l'accent des adieux d'Andromaque et d'Hector, avec la majesté chrétienne de plus; de moins une grâce et un éclat dont la muse grecque a le secret. Dans le poëme du Cid comme dans les épopées homériques, nous touchons au fond primitif de toute poésie. De même que, sous l'œuvre d'Homère, on découvre les chants guerriers dont il a recueilli, transformé et fait vivre les débris; de même l'épopée castillane, écrite au treizième siècle, a recueilli l'écho des chansons non écrites où l'on célébrait déjà l'invincible Rodrigue :

Ipse Rodericus, *mio Cid* semper vocatus,
De quo cantatur quod ab hostibus haud superatur.

Il ne nous est pas donné de creuser

plus avant dans les origines de la littérature espagnole. Ce sont les beautés simples qui commencent les grandes littératures, comme les mœurs fortes et chastes fondent les grands empires. Burgos, la ville des héros, deviendra la capitale des rois.

Pendant que j'erre ainsi à travers les ruines et les souvenirs, je m'aperçois que j'inquiète mes amis. Vous avez ouï beaucoup médire de l'Espagne, et vous craignez qu'au retour de tant de courses je ne trouve guère meilleur gîte ni meilleure chère que les compagnons du Cid, campés sur la grève de l'Arlanzon. Mais laissez-moi venger ce beau et trop calomnié pays. Si l'on n'y admire pas les splendides hôtels où l'hospitalité moderne rançonne le visiteur de Londres ou de Paris, on y dort sous des toits honnêtes et sur des couches décentes; et, si les chambres sont tout au plus bourgeoises, les cuisines sont encore héroïques. Jamais je ne vis suspendue au plancher une plus riche collection de lèchefrites, de casseroles et de chaudrons. Je contemplais surtout des files de marmites qui me rappelaient (pardonnez-moi encore cette réminiscence d'Homère) la longue file des servantes de Pénélope que Télémaque pend à la même corde en punition de leur perfidie. Au milieu de la pièce se projette en saillie le manteau de la cheminée patriarcale où le voyageur mouillé et transi trouve accueil sans scandaliser un essaim de cuisinières habituées à la bienheureuse familiarité des mœurs espagnoles. Là son œil sera consolé par la bonne mine des œufs frits, des perdrix qui se dorent à un feu clair, et du brun chocolat qui écume sous le fouloir. Si votre sobriété se contente à ce prix, si vous ne redoutez pas le parfum d'outre qui donne le cachet de l'authenticité à ce flacon de malaga, si votre estomac n'a pas la dangereuse curiosité de toucher aux pois chiches qui nagent dans la chaudière voisine, ou aux viandes arrosées d'huile rance, soyez en paix : nous vivrons. Nous vivrons, et vous ne m'en voudrez pas d'être redescendu de mes hauteurs poétiques à ces utiles réalités. Nous n'avons pas même, à vrai dire, quitté la littérature espagnole ; car, si le poëme du Cid naît sur les champs de bataille, c'est d'une cuisine d'auberge que don Quichotte sort chevalier pour combattre les géants et redresser les torts.

IV

LA VILLE DES ROIS.

Burgos, le 19 novembre 1852.

Les critiques, toujours en garde contre l'enthousiasme des voyageurs, m'accuseront d'avoir admiré l'Espagne à la lueur de ses légendes et sous le prestige de son soleil. J'ai hâte de protester contre l'accusation. Quatre fois j'ai vu le jour éclairer l'horizon de la vieille Castille, jamais je n'y vis l'astre qui passe pour ramener le jour. Je suis, hélas! du nombre de ceux qui vont demandant la santé à cet astre et le cherchant sous des cieux trop vantés. Les poëtes cependant avaient pris soin de m'avertir. Devais-je m'étonner des neiges de Rome et des eaux du Tibre grossissant sous les orages, quand Horace déjà s'en prenait à Jupiter de l'opiniâtreté des frimas, et croyait revoir sous Auguste le déluge de Deucalion [1]? Et lorsque Dante, au troisième cercle de son Enfer, décrit la pluie « éternelle, maudite, froide et triste »,

> Eterna, maladetta, fredda e grave [2],

certainement il en trouve l'image sur les bords de l'Arno, à Pise, où moi, indigne commentateur, pour l'éclaircissement de ce seul vers, j'ai vu pleuvoir cinquante jours. L'autre péninsule n'est pas mieux traitée du ciel. Le chancelier Ayala, grand homme d'État et grand homme de lettres, se plaint du climat de la Navarre. Le

1. Horace, *Od.*, lib. I :

> Jam satis terris nivis atque diræ
> Grandinis misit Pater...

2. Dante, *Inferno*, cant. 6.

poëte castillan Ferrus lui répond : « Annibal aurait-il conquis l'Espagne, s'il eût redouté la neige et la grêle? et si le fameux Cid avait eu peur des averses, aurait-il vaincu tant de comtes et tant de rois[1]? » Pour moi, je n'aurais pas réveillé les vieux morts de Burgos, si je n'avais bravé les tempêtes déchaînées pour défendre leur solitude. Il est vrai, j'ai vu la ville royale sous un voile, mais sous un voile de pluie peu favorable aux illusions. Heureusement, si du temps des héros il ne reste plus que des murs et des souvenirs, l'époque des rois a laissé des monuments qui n'ont pas besoin de prestige.

Quand la royauté vint s'établir dans l'enceinte guerrière de Diego Porcellos, assurément elle n'y apporta pas la liberté, mais elle y apporta la grandeur. Burgos s'accrut avec cette monarchie prédestinée

1. *Cancionero de Baena.*

qui, sortie des gorges des Asturies, toucha bientôt au bord du Tage, puis du Guadalquivir, puis de l'Océan. La noble ville prenait les titres de *Caput Castellæ, madre de Reyes, y restauradora de Reinos*. Elle portait et porte encore pour armoiries une demi-figure de roi couronné, sur un écusson de gueules, avec seize châteaux d'or en sautoir. Aux cortès, ses députés tenaient la droite du roi, ceux de Léon la gauche; lorsque Tolède prétendit au premier rang, elle ne réussit pas à déposséder Burgos, et ses représentants durent se contenter d'avoir leur siége en face du trône.

Les restes du château des rois occupent le sommet de la colline qui domine la ville; sombre et funeste demeure, et comparable à la Tour de Londres par le sang qui s'y versa. Là se consommèrent ces luttes fratricides qui furent si longtemps le crime de l'Espagne devant Dieu, son opprobre devant la chrétienté et sa faiblesse devant les infidèles. Là Alfonse le Sage fit mourir son frère don Fadrique, et Sanche le Brave, son frère don Juan. Les mêmes murs virent les orgies et les fureurs de Pierre le Cruel; et dans un siècle plus humain, sous Charles V, les libertés publiques y furent ensevelies avec les derniers chefs des *comuneros*. Du haut de cette citadelle les rois tenaient en respect l'aristocratie des *ricos hombres*, établie militairement dans les maisons seigneuriales de la *calle San Juan*, de la *calle San Lorenzo*, de la *calle d'Avellanos*. Plusieurs de ces maisons, rajeunies il est vrai au quinzième siècle, s'annoncent comme des donjons et cachent des palais, des cours ornées de portiques et de colonnades. La demeure du connétable Hernandez de Velasco déploie encore sa formidable façade, qui semble bâtie pour soutenir des siéges. Le collier de l'ordre Teutonique, lourdement sculpté, se déroule autour du portail. Mais franchissez la porte menaçante, et le *patio* s'ouvrira devant vous entouré d'élégantes galeries, couronné de larges terrasses dont la balustrade à jour semble dessinée par un crayon florentin. Ajoutez-y à profusion les draperies et les fleurs, les orchestres et les groupes magnifiquement vêtus, et tout ce qui répandait ici la vie, le mouvement et la grâce, et vous croirez cette maison bâtie pour les plaisirs et pour les fêtes.

Mais c'est l'honneur de la royauté et de la noblesse castillanes d'avoir pris moins de soin de leur demeure que de la maison de Dieu. Habitués à passer leur vie sous la tente ou sous le ciel des champs de bataille, qu'avaient-ils besoin de voûtes magnifiques et de lambris dorés? Ils réservaient ce luxe pour les églises où résidait leur maître, et pour les monastères où ils abritaient leurs veuves et leurs filles. De là le grand nombre de sanctuaires et de fondations religieuses qui faisaient l'ornement de Burgos : Saint-Esteban, beau vaisseau gothique, décoré des plus gracieux caprices de la renaissance ; Saint-Gil et ses chapelles aux voûtes hardies ; Saint-Nicolas et son retable, où revit sculptée en pierre toute la légende du saint. Partout des autels, des mausolées, de pieuses images attestant la foi de ces familles orgueilleuses, violentes, mais après tout capables de religion et de repentir. La piété des rois a laissé sa trace dans deux grandes fondations qui résument trois cents ans d'histoire : l'abbaye de la Huelgas et la chartreuse de Miraflores.

Au sud-ouest de Burgos et sur la rive gauche de l'Arlanzon, au bout de quelques allées vertes qui consolent la vue de la nudité des campagnes voisines, s'élève une forteresse monastique entourée d'une double enceinte crénelée. Son clocher religieux et féodal, surmonté d'une croix, mais garni de mâchicoulis, commande la plaine. Au-dessous du clocher se dessine le portail latéral de l'église; à côté de l'église, une porte ogivale donne sur la vaste cour au fond de laquelle cinq grilles ferment l'entrée des cloîtres. Nous avons devant nous *Santa Maria la Real de las Huelgas*, deux fois célèbre, à cause des souvenirs qui s'attachent à ses origines, et parce que nulle part dans la chrétienté on ne vit un si grand pouvoir ecclésiastique remis aux mains d'une femme[1].

La tradition populaire, qui a ses caprices et qui maltraite souvent ses favoris, s'est plu à jeter un nuage sur la vie d'Alfonse VIII surnommé le Noble et le Bon. « Il s'éprit d'une juive, dit la ballade. Belle était son nom, et le nom convenait

1. Sur l'abbaye de las Huelgas, j'ai consulté l'excellent mémoire de M. l'abbé Calvos, l'un des chapelains de cette maison. M. l'abbé Larran a publié une intéressante notice sur le même sujet dans les *Annales archéologiques* de M. Didron.

au visage. Pour elle le roi oublia la reine, avec elle il s'enferma sept ans[1]. » Les grands, touchés de l'injure de la reine, poignardent la juive, et un ange, apparaissant au roi, le menace des derniers châtiments. Peu de temps après, toutes les gorges de la Sierra Morena vomissaient des torrents d'infidèles sur la Castille, et l'armée chrétienne succombait à Alarcos (1195). La tradition veut qu'Alfonse, enfin repentant, ait fondé le monastère de las Huelgas ; dix-sept ans plus tard, Dieu l'en récompensa par la victoire de Tolosa de las Navas (1212). Alors les trois rois de Castille, d'Aragon et de Navarre réunirent leurs armes ; et

1. Págose de una Judia,
Della esta enamorado :
Fermosa habia por nombre,
Cuadrale el nombre llamado.
Olvidó el rey a la reyna,
Con aquella se ha encerrado.
Siete años estaban juntos
Que no se habian apartado.

tout le monde chrétien, averti par le souverain pontife, se tint en prière. Alors le ciel intervint : un inconnu, qui fut pris pour un ange, indiqua aux chrétiens des chemins ignorés de l'ennemi ; une croix lumineuse parut dans les airs pendant que les évêques exhortaient les soldats. Deux cent mille mécréants mordirent la poussière. Cependant leur chef, l'émir Amsir, que les Espagnols appellent le Miramolin, se tenait dans son camp, assis sur un bouclier, couvert d'un manteau noir, ayant une main sur son cimeterre, l'autre sur l'écrin d'or enrichi de pierreries où il gardait son Alcoran. Or l'émir demeurait impassible, sans donner aucun ordre et sans dire autre chose que ces mots : « Dieu seul est vrai, et Satan est perfide. » En ce moment un Arabe lui amena une jument : l'émir monta la jument, et l'Arabe son cheval, et ils s'enfuirent, enveloppés dans le nuage de ceux qui fuyaient. L'infidèle laissa aux vainqueurs son étendard et l'écrin de son Alcoran. Ces riches dépouilles furent données au monastère de *las Huelgas*. L'écrin disparut en 1808 ; mais l'étendard est resté, et se déploie encore chaque année à l'anniversaire de la bataille. Cet anniversaire est devenu fête de l'Église, le 16 juillet, sous le titre de Triomphe de la croix ; ce jour-là, le tombeau d'Alfonse VIII est orné de lumières et de fleurs.

Le vrai et le faux se mêlent dans ces récits. L'épisode de la belle juive n'a rien d'historique, et le monastère ne s'éleva point pour apaiser le courroux du ciel, déclaré par la défaite d'Alarcos ; car il la précéda de plusieurs années. Vers 1180, Alfonse VIII, sur les instances de la reine Éléonor, avec le concours de ses filles Urraque et Bérengère, résolut de fonder une abbaye de femmes au lieu même où les rois de Castille avaient une résidence moins austère que le château de Burgos, et qu'ils appelaient « leurs loisirs » *las Huelgas del Rey*. En 1187, il fit donation de la maison et des grands biens qu'il y attachait à doña Maria Sol, religieuse cistercienne, et à ses compagnes. Enfin, par un diplôme du 14 décembre 1199, muni du sceau royal, avec la signature de dix évêques et de onze *ricos hombres*, il renouvela la donation entre les mains de Guy, abbé de Cîteaux, en ajoutant cette promesse : « De plus nous promettons audit abbé que nous et nos descendants, s'ils veulent obéir à nos conseils et commandements, nous aurons notre sépulture dans ledit monastère de Sainte-Marie la Royale ; et, s'il arrive que de notre vivant nous veuillons embrasser l'état de religion, nous nous engageons à recevoir l'habit de Cîteaux, et non pas aucun autre. »

Les successeurs d'Alfonse VIII achevèrent son œuvre. Alfonse X régla que le nombre de religieuses serait de cent, toutes nobles, *todas hijas d'algo*. Les concessions des rois, les constitutions des papes et des abbés de Cîteaux assurèrent à Sainte-Marie de las Huelgas les richesses, la juridiction canonique et civile qui firent marcher ses abbesses au premier rang de la noblesse castillane et de la hiérarchie chrétienne.

Au civil, les dames de las Huelgas avaient la seigneurie de cinquante et un bourgs et villages, avec l'*imperium merum et mixtum*; connaissance des causes civiles et criminelles, nomination des alcades, écrivains, alguazils. Les officiers de justice de Burgos ne pouvaient pénétrer chez elles verges levées. Ils baissaient les verges en entrant ou les laissaient à la porte. Au contraire, l'abbesse avait un juge à Burgos pour la conservation de ses droits sur le blé et les légumes qui se vendaient au marché. Saint Ferdinand y avait ajouté la moitié des droits régaliens sur les eaux de l'Arlanzon pendant le jour, et la totalité pendant la nuit.

Au canonique, l'abbaye de las Huelgas, affranchie de toute autorité épiscopale (*nullius diœcesis*), maison mère de tous les couvents de religieuses cisterciennes dans les royaumes de Castille et de Léon, exerce une juridiction légitime sur les monastères, églises, ermitages de son obéissance, juridiction dérogatoire à celle des archevêques et évêques diocésains. L'abbesse, par ses délégués, a la connaissance en première instance de toutes les causes bénéficiaires ; droit de pourvoir aux cures et chapellenies; droit d'examen, approbation et concession de titres pour célébrer, prêcher, confesser, exercer charge d'âmes. Elle connaît des violations de clôture, immunités des églises, translations de couvents, érections de confréries. Elle donne des démissoires pour les saints ordres.

Sans doute les abbesses de Chelles et

de Fontevrault écartelèrent plus d'une fois leur blason monastique avec les lis de France, elles menèrent à leur suite un nombreux cortége de barons et de chevaliers, elles envoyèrent leurs procureurs aux états généraux et leur contingent sous les drapeaux des rois. L'Allemagne eut de superbes religieuses, devant lesquelles l'empereur mettait pied à terre, et qui siégeaient dans les diètes. Mais les canonistes ne connaissent pas d'autre exemple du pouvoir exorbitant exercé par les dames de las Huelgas, en face de l'archevêque de Burgos, au bout du pont qui les séparait de ce puissant métropolitain. La politique des rois devait agrandir une maison qu'ils regardaient comme la leur, où ils avaient leurs tombeaux, où les princesses de leur sang trouvaient une retraite, soit qu'elles prissent le voile, soit qu'elles cherchassent seulement pour quelques années le repos du cloître. On y vit six infantes de Castille, trois d'Aragon, une de Navarre, une de Portugal, une d'Autriche. De leur côté, les papes ne purent refuser ces honneurs étranges aux filles d'une race royale qui soutenait contre les infidèles une croisade de huit cents ans. Nulle part plus qu'en Espagne les femmes n'eurent besoin d'être protégées par le respect, parce que nulle part ne leur manqua davantage la protection de l'épée, le rempart de la famille ; nulle part elles ne furent condamnées à une plus longue solitude, à des veuvages plus certains, quand une guerre éternelle retenait leurs maris et leurs frères. Le moyen âge honora partout les femmes chrétiennes : en France et en Italie, il mit à leur service des guerriers et des poëtes ; en Castille, il rangea sous leurs lois des religieux et des prêtres[1].

1. Il faut voir, dans le mémoire de M. l'abbé Calvo, l'ordonnance royale du 22 janvier 1728, par laquelle le roi Philippe V confirme les priviléges de l'abbaye de las Huelgas, en rappelant les concessions des papes Clément III,

Vous me reprochez probablement de discourir devant les grilles de l'abbaye, au lieu de vous laisser pénétrer sous ses cloîtres dont vous avez ouï décrire les merveilles. On vous a vanté surtout les *claustrillas* et leurs arcades romanes, restes du palais d'Alfonse VIII, les portes chargées de décorations moresques, le grand cloître ogival. Ici toutes les époques de l'architecture espagnole ont laissé leurs traces; mais vous le croirez, s'il vous plaît, sur la parole des archéologues. Les grilles ne s'ouvriront pas. Une clôture éternelle les tient fermées, hormis pour le roi et pour la reine d'Espagne. Quand un de ces souverains visite la maison, sa suite y entre avec lui; alors

Grégoire IX, Innocent IV, Innocent VIII, Léon X, Pie V, Urbain VIII. Il est vrai qu'on ne donne pas le texte de ces concessions, et qu'en même temps on voit la royale abbaye plaider contre les archevêques, se faire délivrer des consultations par les docteurs; ce qui prouverait que ses droits pouvaient être contestés.

toute la ville est de la suite, et quelque heureux étranger, amené ce jour-là par son étoile, trouve le moyen de crayonner les lignes élégantes, les ornements capricieux qui font maintenant votre envie et votre désespoir.

L'église nous reste, et encore la même loi sévère nous en dérobe la moitié. Le portail latéral s'ouvre sur un *atrium* appelé la *nave de los caballeros*. Là, sous des tombes nues ou grossièrement sculptées, les vieux chevaliers castillans gardent leurs rois morts, comme de bons serviteurs couchés à la porte de leurs maîtres. Entrons dans la basilique ; oublions les décorations modernes qui déshonorent le sanctuaire ; pardonnons à la grille qui nous empêche de visiter, mais qui nous permet de contempler le chœur des religieuses, les dix arcades de la grande nef et les tombeaux. Nous trouvons que le génie de saint Ferdinand, l'intrépide et pieux monarque, le preneur de villes et le fondateur de tant d'églises, respire encore dans ce bel édifice qu'il rebâtit. Le plan dessine une croix latine. Avant l'achèvement de sa cathédrale, Burgos n'avait rien de plus grave et en même temps de plus hardi que ce vaisseau, où la sévérité byzantine sert pour ainsi dire de tige au premier épanouissement de l'architecture gothique. On comprend que les souverains du treizième siècle en aient fait l'église royale, la basilique de leurs fêtes et de leurs triomphes, le lieu de leur sépulture, en un mot le Saint-Denis de la vieille Castille.

Pendant cent cinquante ans, les successeurs d'Alfonse VIII ne connurent guère les loisirs qui font la splendeur d'un règne et la prospérité d'une capitale. On voit les rois s'enfermer dans Tolède pour surveiller de plus près les mouvements des infidèles, forcer les portes de Séville, de Xérès, de Gibraltar. Mais c'est presque toujours à Burgos, c'est à Sainte-Marie de las Huelgas qu'ils viennent chercher la couronne, la bénédiction de leurs noces, et la seule paix qu'ils connaissent, celle du sépulcre. Là, saint Ferdinand se fit armer chevalier; l'évêque Maurice avait béni les armes, Ferdinand prit lui-même l'épée sur l'autel. Mais le doux jeune homme se la fit ceindre des mains de sa mère. Là, Alfonse XI, Henri II, Juan Ier, célébrèrent leur couronnement. Et, pour finir par où les grandeurs finissent, le tombeau d'Alfonse VIII et celui de sa femme Éléonore s'élevèrent au milieu du chœur. Le reste de la grande nef et les nefs latérales ont reçu les dépouilles d'Alfonse VII, de Sanche III, de Henri Ier, d'Alfonse X, de cinq reines, onze infants et dix-huit infantes. Les mausolées sont pour la plupart très-simples, soutenus ordinairement par des lions, ornés seulement d'arabesques et de statuettes rangées dans leurs niches. Mais cette longue suite de rois et de princes console encore le veuvage de la vieille cité de Burgos, et lui rappelle que ses palais ne furent pas toujours abandonnés[1].

Le fondateur de las Huelgas avait pourvu au repos de ses descendants, mais il eut la touchante pensée de pourvoir en même temps au repos des pauvres voyageurs, des pèlerins qui de tous les points de la chrétienté se rendaient à Saint-Jacques de Compostelle. Auprès de l'abbaye royale et sous son obédience, il établit l'*hospital del Rey*; treize religieux et plusieurs religieuses y servaient les pèlerins au nom de l'abbesse qui recevait leurs vœux. Pour honorer leur ministère, on leur avait donné l'habit de Calatrava, avec le titre de *comendadores* et de *comendadoras*. L'hôpital avait cent douze lits et nourrissait au dehors quatre

1. Sur l'architecture de l'église de las Huelgas, il faudrait consulter une savante notice de M. Didron dans les *Annales archéologiques* de 1849. L'exil où je suis me prive de cette lumière comme de beaucoup d'autres.

cents personnes. Les révolutions ont bouleversé l'économie de ce vieil hospice, et les restaurations en ont défiguré l'architecture. Pourtant, qui ne s'arrêterait encore devant la porte élégante (*puerta de los Romeros*) où le voyageur fatigué voyait en arrivant les images de ses célestes protecteurs, saint Jacques majestueusement assis dans une niche, et plus haut l'archange saint Michel foulant aux pieds le dragon ? La tradition veut que cette entrée de l'hôpital ait eu pour portier le bienheureux saint Amaro. Il venait de France, dit-on, et, après avoir accompli son vœu à Compostelle, il voulut achever ses jours au service des pèlerins, lavant leurs pieds, pansant leurs plaies, allant au-devant des plus fatigués pour les rapporter sur ses épaules. Une profonde obscurité enveloppa la vie de ce juste; mais, la nuit de sa mort, une clarté du ciel environna l'*hospital del Rey*. Les gens de Burgos accoururent, croyant qu'un incendie dévorait la maison, et trouvèrent que Dieu avait voulu honorer des vertus ignorées. L'Église éleva des autels à saint Amaro, et le peuple lit encore avec amour la légende de ce serviteur du peuple. Il faut reconnaître ici un des caractères de l'Espagne catholique : la charité à côté de la grandeur. Le Cid pourfend les Sarrasins, mais il fait asseoir le lépreux à sa table et le couche dans son lit. Les abbesses de las Huelgas règnent derrière leurs grilles, qui ne s'ouvrent que pour les têtes couronnées; mais les portes de leur hospice ne sont jamais fermées aux pauvres[1].

Sainte-Marie de las Huelgas garde la ville de Burgos du côté de l'occident. La chartreuse de Miraflores la protége à l'orient. Les cités du moyen âge aimaient à jeter ainsi à leur droite et à leur gauche ces camps monastiques où veil-

1. *Apuntes sobre Burgos.*

laient les serviteurs et les servantes de Dieu, sentinelles de la prière et de la pénitence :

> Nisi Dominus custodierit civitatem,
> Frustra vigilat qui custodit eam.

La chartreuse est assise sur une colline qui domine le pays, mais elle n'y découvre que des champs monotones d'orge et de blé. Que ce gracieux nom de Miraflores ne nous trompe pas : on ne voit ici d'autres fleurs que de pâles mauves épargnées par les vents d'automne. Il y a longtemps que j'ai dû renoncer à la Castille de mes rêves, à celle dont je me figurais les jardins étincelants, les grenadiers empourprés, les citronniers pliant sous leurs fruits d'or, pendant que les blancs jasmins s'entrelaçaient aux grilles des balcons. Je ne manquais guère d'y ajouter un palmier couronnant de son feuillage triomphal la riche végétation du Midi.

De Burgos à la chartreuse, la route est longue, et j'en profite pour vous entretenir du roi Juan II, non sans quelque justice, puisque nous allons visiter des lieux pleins de sa mémoire, puisque la splendeur poétique de son règne se réfléchira sur les œuvres d'art qui nous charmeront. Vous me soupçonnerez de glisser ici, sous le couvert d'un voyage, les chapitres détachés d'une histoire de la littérature espagnole. Me garde le ciel de cet excès de perfidie! Mais comment nierai-je que pour moi l'attrait, la magie du voyage est de me transporter non-seulement dans d'autres lieux, mais en d'autres siècles? Ces grandes contrées historiques ne seraient à mes yeux que de lamentables cimetières, si je ne faisais revivre en passant les générations qui les ont peuplées. Et je ne sais enfin ranimer ces générations qu'en leur rendant la parole, surtout la parole des poëtes, qui exprime avec plus de naïveté, de verve et d'éclat, la pensée de tous.

Nous voici donc en plein quinzième siècle. Nous n'entendons plus ces poëtes guerriers que saint Ferdinand menait avec lui dans les combats, ces chansons de geste que les anciens chevaliers faisaient chanter à leur table. Peu à peu les ballades héroïques, avec la simplicité de leur style, avec l'irrégularité de leur versification, n'ont plus réuni, autour de quelque chanteur aveugle, qu'un auditoire ignorant de paysans et de soldats. Une autre poésie est venue faire le passe-temps d'une société riche, délicate et exigeante. Les troubadours de Provence hantent les cours d'Aragon et de Castille. Ils y ont trouvé d'abord des admirateurs, ensuite des disciples. Les *ricos hombres* s'évertuent à composer des *sirventes* et des *canzons*. Le consistoire de la Gaie Science à Barcelone ouvre des concours qui rivalisent avec les Jeux floraux de Toulouse. En même temps, les Espagnols ont passé la mer; ils reviennent de leurs conquêtes de Sicile et de Naples, l'oreille encore pleine des chants de la muse italienne, gagnés par cette passion de l'antiquité qui agitait les savants de Rome et de Florence; deux traductions de la *Divine Comédie*, en catalan et en castillan, paraissent la même année (1428). D'autres imitent Pétrarque ou traduisent Tite-Live. Mais la culture savante de la Provence et de l'Italie ne pouvait s'acclimater qu'à l'ombre des palais. Il lui fallait la protection d'un prince bienveillant, lettré, ingénieux plutôt que grand. Le Médicis de la renaissance castillane fut Juan II.

L'histoire a jugé ce prince, qui régna quarante-huit ans et ne sut jamais régner, esclave de son favori Alvaro de Luna, puis des factieux qui lui firent signer la mort de son favori, mourant enfin avec le sentiment de sa faiblesse et de son inutilité, et se condamnant lui-même par ces dernières paroles : « Plût à Dieu que je fusse né fils d'un artisan, et que j'eusse vécu moine du couvent de l'Abrojo! » Cependant cet homme, impuissant à gouverner les volontés, à contenir les brigues et les soulèvements, devait se faire un règne pacifique dans le monde des intelligences, dans les arts et les lettres. Un grand peintre de mœurs, Fernan Perez de Gusman traçait ainsi le caractère littéraire du roi Juan II : « Il connaissait les gens et distinguait ceux qui conversaient avec sagesse et avec grâce. Il se plaisait à écouter les hommes de sens et remarquait ce qu'ils avaient dit. Il entendait le latin et le parlait. Il lisait bien, il aimait les livres et les histoires, il goûtait les poésies des beaux esprits et discernait les vers mal faits. Il prenait grand plaisir aux entretiens gais et spirituels, et pouvaient y mettre sa part. Il comprenait aussi la musique, chantait et jouait des instruments. » Lui-même ne dédaignait pas de composer, et il en savait assez pour chanter en rimes légères la puissance de l'amour et la cruauté d'une dame. Toutefois le mérite de Juan II fut surtout de rassembler, d'encourager, de multiplier par conséquent les talents poétiques, et d'en former une pléiade qui eut sa splendeur. Autour de ce trône orageux, sur ses marches ensanglantées, on n'entend que chants et vers de toute mesure. Le grand connétable Alvaro de Luna dicte des couplets en même temps qu'il médite les desseins qui le mènent à l'échafaud. Le marquis de Villena rédige un Art poétique (*Arte de trobar*). Le marquis de Santillane compte, de sa main gantée de fer, les syllabes cadencées de ses sonnets. Le commandeur Calavera propose à tout venant une joute poétique : il s'agit de concilier la Providence et la liberté de l'homme. Sept poëtes lui répondent, parmi lesquels un moine et un mahométan. Un désordre fécond, une bienfaisante égalité, confondent tous les rangs, dès qu'on met la main au métier des vers. Des évêques, des hommes d'État correspondent avec Montoro le fripier, Juan le harnacheur, Mondragon le palefrenier, Juan de Valladolid, fils d'un bourreau et d'une servante d'auberge. Le démon des vers remue la nation castillane jusqu'à la fange; il la possède, il la travaille, mais (chose étrange!) il ne l'inspire pas. Il en fait sortir une école laborieuse, élégante, spirituelle, mais une école froide et vide, et cependant une école nécessaire [1].

Le quinzième siècle est encore un siècle tragique. Les chrétiens d'Espagne se déchirent et s'entre-tuent, pendant que sur les tours de Grenade les infidèles veillent en attendant l'heure de se jeter sur la Castille

1. Ticknor, *History of spanish litterature,* t. I. Voyez aussi la savante introduction de M. Pidal au *Cancionero de Baena,* et un article de M. Leopoldo de Cueto, *Revue des Deux Mondes,* du 15 mai 1853.

épuisée. Pourtant le *Cancionero de Baena,* qui réunit les compositions de cinquante auteurs, ne garde presque nulle trace des guerres civiles, ni des guerres saintes, où ces poëtes et leurs Mécènes jouaient leur tête. Les plus sérieux s'attachent à une poésie savante, dont ils trouvent l'exemple chez Dante, désormais établi en maître sur le Parnasse castillan [1]. Ceux-ci ne manquent guère de s'égarer dans quelque forêt, d'y rencontrer un personnage mystérieux qui leur sert de guide et les conduit en un lieu d'où ils découvrent l'ensemble des choses divines et humaines. Cependant, comme on n'approche pas impunément des grands modèles, Juan de Mena doit à l'imitation

1. *Cancionero de Baena,* p. 261. Requestà de Alfonso Alvares contra Ferrant Manuel :

> A Dante, el poeto, gran conponedor,
> Me disen, amigo, que reprehendistes.
> Si este es verdad, en poco tuvistes
> Lo que el mundo tiene por de gran valor.

de la *Divine Comédie* une élévation de pensée qui le porte bien au-dessus de ses contemporains. Les esprits légers en plus grand nombre s'engagent à la suite des Provençaux; ils préfèrent cette poésie galante qui allume tant de feux, aiguise tant de flèches, mais qui d'ordinaire ne coûte pas la vie à ses adeptes. Si le trop sensible Macias mourut victime de sa passion, ce cas unique fit l'admiration de la postérité, et les heureux versificateurs de la cour de Juan II rimaient en paix les *Mandements d'amour*, les *Plaids d'amour*, les *Pénitences d'amour*, la *Prison d'amour*, et même l'*Enfer d'amour*. Après les grands récits de l'épopée nationale, ces jeux d'esprit sont misérables, et cet art d'imitation ne semble plus qu'un art de décadence. Mais ici, comme souvent, la décadence cache un progrès. Le culte poétique des femmes ajoutait à la vaillance castillane la bonne grâce et la délicatesse. Il introduisait, sinon dans toutes les âmes, au moins dans le langage et dans les mœurs, ces beaux sentiments qui firent de la société espagnole une école d'honneur et de courtoisie, et qui passèrent les Pyrénées avec Anne d'Autriche pour donner le dernier poli à la société française. Mais surtout le quinzième siècle, en s'appliquant à reproduire les rhythmes des Italiens et des Provençaux, en poussant jusqu'à l'excès la ciselure du vers et de la stance, faisait subir un travail nécessaire à la rude langue du Cid. Cette poésie, qui s'était contentée de mesures incorrectes et d'assonances faciles, devait s'assouplir et se montrer capable de la dernière précision et de la plus exquise mélodie. Il fallait qu'elle passât par un long apprentissage avant d'arriver au moment où Caldéron, retrouvant l'inspiration des plus beaux temps chrétiens, lui donnerait tout le prestige d'un langage étincelant et musical, intraduisible pour nous, éternellement enchanteur pour l'oreille des Espagnols. Il fallait enfin ce coup d'œil rapide sur la cour lettrée de Juan II pour faire une intelligente visite à son tombeau. La renaissance castillane peut maintenant dérouler devant nous ses merveilles de sculpture : nous savons quel souffle a fait fleurir le marbre et la pierre.

Tout en devisant, nous venons de franchir le portail ogival qui marquait la limite du parc royal de Miraflores. Juan II, accomplissant un vœu de son père Henri III, offrit aux chartreux le parc, le pavillon où se reposaient les rois quand ils poussaient leur chasse de ce côté, et enfin les fonds suffisants pour élever un monastère à l'ombre duquel il voulait avoir sa sépulture. Le jour de la Pentecôte de l'an 1442, la communauté se constitua, et au bruit joyeux d'un rendez-vous de chasse succéda le silence de la règle de Saint-Bruno. Mais Juan II ne vit pas s'achever les constructions de la nouvelle chartreuse. Il fallait que la grande Isabelle y mît la main, la même main qu'elle mettait aux affaires de l'Espagne et du monde. Deux architectes allemands, Jean et Simon de Cologne, et deux Espagnols, Garcia Fernandez Martienzo et Diego de Mondieta, bâtirent l'auguste et gracieuse église. Mais, avant que les voûtes en fussent fermées, Isabelle avait pourvu à la sépulture de son père. En 1483, elle s'était rendue à Miraflores. Là elle s'était fait présenter le cercueil de Juan II provisoirement déposé dans les caveaux, elle avait voulu voir le corps à découvert et lui baiser les pieds. Bientôt après elle appelait le sculpteur Gil de Siloé et le chargeait de dessiner les deux mausolées de Juan II, d'Isabelle de Portugal, sa seconde femme, et de l'infant don Alfonse, leur fils. Les dessins furent soumis à la reine, et le sculpteur, ayant mis le ciseau dans le marbre en 1489, le poussa avec tant de vigueur, qu'en moins de cinq ans il eut achevé les deux tombes[1].

L'église de Miraflores n'est donc qu'une grande châsse où la piété d'Isabelle a voulu recueillir les restes de son père, de sa mère et du jeune frère dont la mort prématurée lui avait donné la couronne. Au dehors, l'édifice s'annonce comme un catafalque. Point de clocher, point de transsept; à la façade, point d'autre ornement que les blasons qu'on met sur le drap mortuaire des rois; la toiture arrondie comme le couvercle d'un cercueil; au front, le crucifix; et tout autour, quarante aiguilles de trois grandeurs différentes, comme trois rangs de candélabres autour de l'appareil funèbre. Mais entrez dans ce séjour de la mort : vous y trouverez toute la splendeur des espérances chrétiennes. La pensée se dégage de la terre et s'élève avec les voûtes ogivales.

1. Arias, *Apuntes historicos sobre la Cartuja de Miraflores*. J'ai beaucoup profité de ce livre excellent.

La promesse de l'immortalité rayonne avec les quatorze faisceaux de pierre qui jaillissent aux angles de l'abside, et dont les nervures, travaillées à jour, pendent en festons charmants au-dessus du sanctuaire. Dix-sept fenêtres garnies de vitraux peints répandaient une clarté mystérieuse et riche comme celle de la foi. La pluie et le soleil conjurés ont terni ces beaux verres. Ils n'ont pas effacé la Vie du Sauveur, qui en fait le sujet, et qui est bien vraiment la seule lumière capable de dissiper pour nous les ombres de la mort.

Un marchand de Burgos avait été chargé de faire exécuter en Flandre les verrières de Miraflores : il crut bien faire d'y joindre en présent un vitrail timbré de ses armes. Isabelle s'informa de ce blason inconnu, et, prenant l'épée d'un de ses gentilshommes, elle brisa la vitre : « Dans cette maison, dit-elle, je ne veux point d'autres [illegible]es que [illegible]elles de mon père. » Elle-même, qui avait élevé les murs et les tombeaux, n'inscrivit son nom nulle part; mais, à vrai dire, tout y parle d'elle. Au sommet du retable en bois doré qui domine l'autel le Christ en croix apparaît, non plus accompagné du pape et de l'empereur, comme on le représente souvent au moyen âge, mais soutenu, d'un côté par un pape ceint de la tiare, de l'autre par une reine couronnée. Et comment oublier encore qu'au moment où la reine faisait exécuter cet ouvrage, elle recevait dans Burgos Christophe Colomb, revenu du nouveau monde dont elle lui avait ouvert le chemin? Le grand homme fit son entrée, menant à sa suite une grande troupe de sauvages couronnés de plumes éclatantes; il offrit à Isabelle un diadème, une chaîne, des bracelets et des lingots de l'or le plus pur. La reine consacra ces richesses au service de Dieu, et voulut que le retable de Miraflores fût doré des prémices de l'Amérique[1].

Dans un lieu moins riche en merveilles, on s'arrêterait aux stalles des moines et au dais qui surmonte le siége du prieur. Mais je n'ai plus de regards que pour le monument qui s'élève au milieu du chœur, devant l'autel. Les deux statues de Jean II et d'Isabelle de Portugal y sont couchées sur un soubassement octogone. Les têtes sont belles, les attitudes nobles et calmes, les costumes magnifiques. Le roi paraît bien tel que les contemporains l'ont représenté : « Grand de taille et beau de corps, d'un aspect tout royal, les jambes, les mains et les pieds parfaitement faits ; d'ailleurs, franc et gracieux, dévot et vaillant, grand clerc et très-attrayant de sa personne. » Mais, à bien considérer la douceur un peu molle de ses traits, on retrouve aussi le prince

1. Arias, *Apuntes*, p. 71, 77, 78. — Il s'agit ici du second retour de Christophe Colomb, en 1496.

timide, devenu le jouet des partis; les factions de son règne semblent rappelées par les deux lions qui se battent à ses pieds. La reine repose auprès du roi, mais elle se penche un peu du côté opposé, comme par un mouvement de pudeur. Ses yeux se baissent sur un livre qu'elle a dans les mains : elle y cherche l'oubli des pompes et des inquiétudes royales. A ses pieds un lion, un chien et un enfant jouent ensemble, comme pour opposer au souvenir des discordes civiles une image de paix domestique. Autour de ces deux souverains abattus par la mort, les quatre évangélistes sont assis sur des trônes que le temps ne renverse pas. L'artiste leur a donné des airs de tête d'une fierté tout espagnole, et qui semble défier les musulmans et les juifs. Entre ces figures, et aux huit angles du soubassement, des anges s'élancent en ouvrant leurs ailes; le soubassement lui-même est tout un monde de statues et de statuettes, assises ou debout, saillantes ou enfoncées dans des niches, ou voilées sous des feuillages. Seize personnages occupent la place principale : du côté du roi, huit justes de l'Ancien Testament; du côté de la reine, les vertus théologales et cardinales, et la Vierge tenant le Christ mort sur ses genoux, pour rappeler que les âmes royales ont aussi leurs douleurs. Tout autour, au-dessus, au-dessous, des docteurs méditent, enveloppés de leurs manteaux, des moines prient sous leur capuchon, un berger caresse ses brebis. On dirait que l'art a cherché dans toute la création, depuis les anges et les vertus du ciel jusqu'aux bêtes de la terre, tout ce qu'il y a de plus saint et de plus intelligent, de plus fort et de plus pur, pour soutenir le poids de ce roi et de cette reine, qui furent chrétiens, mais qui furent pécheurs.

Si iniquitates observaveris, Domine, Domine, quis sustinebit?

Leur fille n'a pas voulu les laisser seuls dans la tombe : ils sont entourés, défendus devant le Seigneur par tout ce peuple de pierre qui semble intercéder pour eux.

Malgré les beautés d'un si grand ouvrage, de bons juges admirent davantage le tombeau de l'infant. Les jours de ce jeune homme furent courts et mauvais. Au temps de son frère aîné Henri IV l'Impuissant, qui sépare les deux règnes de Juan II et d'Isabelle, Alfonse tomba au pouvoir des factieux. Les chefs de la noblesse castillane n'eurent pas horreur de mettre une main violente sur un enfant, de l'engager dans une lutte fratricide, pour l'assouvissement de leurs ambitions. C'est lui qui figure dans cette scène mémorable, racontée par un contemporain : « Dans la plaine auprès d'Avila, on dressa un échafaud sur lequel fut placée une effigie du roi Henri, assis sur un trône et en habits de deuil. On lut ensuite devant la foule immense les griefs qu'on avait contre le roi, et on le déclara indigne de régner; alors l'archevêque de Tolède s'approcha de l'effigie et lui ôta la couronne. On le déclara indigne de gouverner, et le comte de Benavente lui arracha le sceptre. Enfin on le précipita du trône ignominieusement. Puis l'infant don Alfonse y fut placé, l'étendard royal déployé; et tout le peuple cria : « Castille, Castille pour le roi Alfonse[1]! » Mais le jeune Alfonse mourut bientôt, et les honneurs de cette fausse royauté furent moins glorieux pour sa mémoire que la sépulture élevée par la volonté d'Isabelle et par le ciseau de Gil de Siloé. La base porte l'écusson de Castille et de Léon flanqué de deux guerriers tout bardés de fer, ap-

1. Henriqued el Castillo, traduction de M. Ternaux. Calderon a transporté cette scène dans sa belle tragédie, *el Principe dé Fez*, quand le prince musulman, à la veille de se faire chrétien, poursuivi par les prestiges du démon, voit en songe son peuple soulevé contre lui, son effigie précipitée du trône, et son jeune fils couronné à sa place.

puyés sur leurs lances : à leur visage menaçant on reconnaît bien ces grands vassaux, qui étaient moins les gardiens de la couronne que son péril et son inquiétude éternelle. Au-dessus, l'infant don Alfonse est agenouillé sur des coussins, le chaperon sur les épaules, drapé d'un riche manteau ; devant lui, sur un tabouret, un livre est ouvert. Une guirlande sculptée flotte au-dessus du jeune prince, comme un rideau qui va tomber. L'arcade qui encadre cette scène se termine par une image de Notre-Dame avec l'enfant Jésus. Des deux côtés du monument, deux légères pyramides découpées à jour sont habitées par des groupes de figurines d'une exécution parfaite. On ne finirait pas si l'on voulait décrire les capricieuses arabesques, les poétiques épisodes qui enrichissent cette composition. Parmi d'autres tableaux charmants, un jeune garçon va mettre la main sur une grappe qui semble mûrir pour lui ; mais un écureuil plus agile descend de la treille et dévore le raisin. N'est-ce pas l'image de cet enfant né pour la couronne, mais prévenu par une rapide destinée ? Virgile pleura en vers immortels les courtes années du jeune Marcellus : le sculpteur castillan fait soupirer le marbre pour le jeune Alphonse ; le même gémissement sort du poëme et du tombeau.

Ostendent terris hunc tantum fata, nec ultra
Esse sinent. . . . .

Et qu'on ne m'accuse point de prêter des intentions au caprice des artistes, d'introduire l'allusion et le symbole là où ils ne mirent que la liberté de leur imagination et la délicatesse de leur ciseau. Ce n'est pas nous qui sommes en fonds pour prêter de l'esprit au quinzième siècle et à ses artistes, les plus spirituels qui furent jamais, les plus subtils, les plus amoureux d'allégories. Lorsque Juan de Mena étendait le fil de son poëme allégorique jusqu'à composer trois cents octaves, comment le sculpteur n'aurait-il pas ajouté à son sujet ces emblèmes, compris, aimés de tous ses contemporains? Le même goût, le même raffinement, la même patience qui assouplissaient la parole et qui entrelaçaient les rimes, faisaient sortir de la pierre les enroulements, les feuillages et les fleurs. Ici enfin, comme dans les lettres, le génie castillan s'est formé aux leçons de l'étranger. Ces Allemands venus de Cologne pour bâtir la chartreuse, héritiers des traditions gothiques, ont pu apprendre aux Espagnols comment la théologie chrétienne peut se traduire en bas-reliefs et en statues. Les moines et les docteurs du mausolée de Juan II me semblent bien les frères des pleureurs et des pleureuses de Notre-Dame de Brou. Les arabesques du tombeau de l'infant me rappellent les plus aimables fantaisies des sculpteurs italiens. Ainsi l'histoire de la poésie se répète dans l'histoire des arts, ou plutôt c'est le même génie poétique qui tient la plume et le ciseau. Mais en Espagne le ciseau fut d'abord plus puissant que la plume. Il fit plus que répandre la grâce et l'élégance, il donna l'âme et la pensée. La seule église de Miraflores, ce monument funèbre, contient plus de vie que le cancionero de Baena ; et la renaissance espagnole a déjà rencontré le beau dans les arts, qu'elle le cherche encore dans les lettres. Toutefois, en descendant un peu au-dessous du roi Juan II, je trouve le souvenir de son temps dans des vers qui ne sont pas indignes d'être cités ici, et qui font revivre un moment la splendeur de cette cour savante et frivole :

« Qu'a-t-on fait du roi don Juan ? Les infants d'Aragon, qu'en a-t-on fait? Qu'est-il resté de tant de galanterie, de tant d'invention qu'ils portaient dans leurs jeux? Les joutes et les tournois, les parures et les broderies, et les cimiers, autant de rêves. Que furent ces choses, sinon la verdure des jardins?

« Qu'a-t-on fait des nobles dames, de leurs coiffures, de leurs vêtements et de leurs parfums? Que sont devenues les flammes des foyers allumés chez ceux qui aimaient? Qu'a-t-on fait de cet art des troubadours, de ces instruments bien accordés? Qu'a-t-on fait de ces danses et des étoffes qu'on traînait, lamées d'or et d'argent?

« Les largesses démesurées, les édifices royaux remplis d'or, les vaisselles si bien travaillées, les écus et les réaux du trésor, les chevaux et les caparaçons des gens du roi, et leurs riches ornements, où les irons-nous chercher? Que furent ces choses, sinon la rosée des prairies [1]? »

1. Jorge Manrique, *Coplas a la muerte de su padre.*

> ¿Que se hizo el rey Don Juan?
> Los infantes de Aragon
> ¿Que se hicieron?
> ¿Que fue de tanto galan.

En effet, le règne de Juan II marqua la fin des grandeurs de Burgos. Isabelle visita plusieurs fois la capitale et le tombeau de son père, Charles V s'y montra; peu à peu les rois s'éloignaient de la vieille cité et ne parurent plus à Miraflores qu'en passant. Mais les moines res-

¿Que fue de tanta invencion
 Como trajeron?

Las justas y los torneos,
Paramentos, bordaduras,
 Y cimeras

¿Fueron sino devaneos?
¿Que fueron sino verduras
 De las eras?...

Las davidas desmedidas
Los edificios reales
 Llenos de oro,

Las bajillas tan febridas,
Los henriques y los reales
 Del tesoro,

Los jaeces y caballos
De su gente y atavios,
 Tan sobrados,

¿Donde iremos a buscallos?
¿Que fueron, sino rocios
 De los prados?

taient gardiens des sépultures et de l'hospitalité. La chartreuse était le grenier d'abondance de l'indigent, la ressource des années de famine. Outre les secours dus aux grandes calamités publiques, les religieux donnaient tous les jours le dîner à quinze pauvres, pris sur une liste de vingt hommes honorables et de trente-deux étudiants qui devaient prouver leur besoin, leur application et leur bonne conduite. Mais les chartreux eux-mêmes, ces derniers mandataires des rois, ont disparu à leur tour. Les plus jeunes ont gagné les solitudes glacées des Alpes, d'où descendit la règle de Saint-Bruno. Trois vieillards sécularisés restent seuls sous les cloîtres vides. Le chant des psaumes, qui depuis trois cents ans ne se taisait ni le jour ni la nuit, a cessé autour des tombeaux. La chartreuse ne serait plus qu'un beau corps sans âme, si chaque jour encore Dieu n'y descendait sur l'autel pour le repos des morts qui l'ont bâtie, et pour le pardon des vivants qui l'ont profanée.

Au moment de quitter la ville des rois, j'oubliais de me donner le spectacle royal d'un combat de taureaux. Cependant je connais trop bien mes devoirs pour omettre cet épisode obligé d'un voyage en Espagne. La *plaza mayor* de Burgos, avec ses portiques et les rangs égaux de ses fenêtres, se transforme chaque année en amphithéâtre. Malheureusement nous avions laissé passer le temps des fêtes, et la lice n'était plus traversée que par des femmes qui allaient à la fontaine, la cruche sur la tête, en chantant quelque joyeux refrain. Il me fallait pourtant mon combat, et je devais le trouver ailleurs. Moi aussi j'ai donc vu le noir taureau de Navarre se précipiter en avant, les cornes basses, et fouillant du pied la terre ! J'ai vu les coureurs déployer devant lui une draperie éclatante, l'exciter, l'attendre, et d'un bond disparaître derrière la palissade qui ferme l'arène. Mais la bête fougueuse la franchissait après eux, et lorsque, resserrés dans cette galerie étroite, je les croyais perdus, ils reparaissaient dans l'arène tous à leur poste, calmes et fiers. Je ne me lassais pas d'admirer ces hommes, dont la bonne mine ressortait à merveille sous le pourpoint et le haut-de-chausse tailladé, si forts et si lestes, que la grâce de leurs mouvements éloignait jusqu'à la pensée du péril. Mais quand, le combat s'échauffant, un essaim de *banderilleros* est venu harceler l'intrépide animal et planter entre ses cornes le dard qui faisait jaillir son sang ou la fusée qui l'enveloppait de feu ; lorsque, aveuglé, ne voyant plus ses ennemis, il courait au hasard, poussant de sourds mugissements, et qu'enfin le *matador*, en habits brochés d'or et d'argent, mettant un genou en terre et l'épée à la main, demandait la permission de frapper, alors, je l'avoue, je passais tout entier du côté du taureau ; je n'avais pas le courage de considérer si le coup était porté selon les règles, je détestais cette boucherie, et je m'enfuyais de l'amphithéâtre, pendant que six mules entraînaient dans la poussière le corps sanglant, au bruit des fanfares et aux applaudissements d'une foule enivrée.

V

LA VILLE DE LA VIERGE.

Burgos, le 20 novembre 1852.

Si les rois ont délaissé Burgos, la vieille ville a gardé une reine qui la fait vivre, qui n'a pas cessé d'y habiter une magnifique demeure. Cette reine est la Vierge Marie. En effet, la capitale de l'ancienne Castille, abandonnée de sa noblesse, sans commerce, sans industrie, aurait péri depuis longtemps si elle n'avait conservé sa vie ecclésiastique, son rang de métropole et son incomparable cathédrale. La puissance de cet archevêché et les fondations religieuses qui s'étaient multipliées à son ombre y retinrent un clergé nombreux et lettré. Tant d'églises et de couvents entretenaient une population d'employés, d'ouvriers, de pauvres même, trop assurés peut-être de trouver la soupe à la porte du lieu saint. Aujourd'hui le sanctuaire a perdu ses richesses, mais non pas ses lumières. Tandis que le célèbre père Cyrille, élevé au siége de Burgos, s'y repose d'une destinée agitée, autour de lui, aux plus hauts rangs de la hiérarchie, on voit plusieurs de ces hommes savants et bons qui ont fait la juste réputation du clergé espagnol. Je trouvais ce caractère chez le vénérable M. Orteaga y Ercilla, archidoyen du chapitre (*arcideano*), théologien consommé, promoteur de toute œuvre charitable, animant de son exemple et de son concours une troupe de jeunes laïques ardents au bien. Avec quels regrets nous entretenions-nous ensemble de ce profond et judicieux Balmès, enlevé si jeune, non pas seulement à son pays, mais à l'Église, à la philosophie chrétienne ! Avec quelles espérances nous attachions-nous à cet esprit moins sûr, mais généreux et brillant, à cette pensée hardie, à cette parole éloquente de Donoso Cortès, bien éloigné de croire que sitôt allait s'éteindre la seconde étoile du ciel d'Espagne ! Toutefois je ne craindrais jamais les ténèbres éternelles pour un pays catholique, où la science est comptée parmi les dons du Saint-Esprit et parmi les devoirs du prêtre. Le collége de Saint-Jérôme à Burgos conserve l'enseignement des langues anciennes et des langues orientales. La ville a deux bonnes écoles primaires pour les garçons; et je n'ai pas vu sans plaisir nombre de campagnards acheter des romances et des légendes, littérature d'un peuple simple, j'en conviens, mais enfin d'un peuple qui sait lire.

J'ai dit que la Vierge Marie est la reine de ce peuple. En effet, dans la pensée du moyen âge, le domaine d'une église épiscopale appartient au saint titulaire de la cathédrale : c'est lui qui paraît dans les actes pour recevoir les legs et donations; il a la garde du patrimoine ecclésiastique et le soin d'en châtier les profanateurs. Burgos était donc du domaine de Notre-Dame, et voici comment : La légende rapportait que l'apôtre saint Jacques évangélisant l'Espagne, s'était arrêté à Saragosse, où il convertit huit païens. Fatigué peut-être de la dispute, il s'endormit au pied d'une colonne : tout à coup, porté par un groupe d'anges, la Vierge descendit des airs sur la colonne, et, s'adressant à l'apôtre, le remplit d'une nouvelle ardeur. Alors saint Jacques s'enfonça plus avant dans le pays, pénétra au cœur de la vieille Castille, jusque dans la ville d'Auca, et y laissa pour évêque son disciple Indalecius. Mais Auca et son siége épiscopal, emportés dans l'invasion musulmane, disparaissent jusqu'en 1075, où l'évêque Ximeno transporte à Burgos les ossements de ses prédécesseurs et l'antique image de la Vierge, devant laquelle ils avaient prié. On lui consacra d'abord un oratoire humble et pauvre. Mais, quand furent venus les jours glorieux de saint Ferdinand, ce grand roi, qui élevait les cathédrales de Tolède, d'Osma, de Tuy, d'Orense, abandonna sans regret son palais à l'évêque Maurice pour bâtir Notre-Dame de Burgos. Maurice posa la première pierre le 20 juillet 1221; il traça les proportions de l'édifice. Il les voulut imposantes, spacieuses, telles qu'elles convenaient à la capitale d'un peuple vainqueur. Mais la grandeur même de son dessein ne lui permit pas d'en voir l'achèvement. Les Espagnols, qui ne se presseront jamais, qui mirent huit cents ans à reconquérir leur patrie, voulurent plus de deux siècles pour achever leur cathédrale. Il semble même que la Vierge, gourmandant la lenteur des vieux chrétiens, allait tirer d'une race méprisée l'homme destiné à terminer l'œuvre de saint Ferdinand : ce fut l'évêque Alonso, juif converti, d'une famille étroitement attachée à la secte pharisienne, et cependant qui se faisait gloire d'être issue de la même race que Marie, mère de Jésus. Baptisé dans sa jeunesse avec son père et ses quatre frères, il s'engagea dans les ordres, devint évêque de Burgos et l'un des flambeaux de l'Église d'Espagne. Il la représenta noblement au concile de Bâle, et ramena des bords du Rhin l'architecte Jean de Cologne, qui reprit en 1442 les constructions interrompues, éleva la façade et la flanqua de ses deux tours [1].

Lorsqu'on vient de visiter les murs de Diego Porcellos, ce qui reste du château des rois et l'arc de Fernan Gonzalez, en

1. Dom Pedro Orcajo, *Historia de la catedral de Burgos.* — Pons, *Viage.*

quittant ces quartiers délabrés et déserts, on découvre tout à coup la façade de la cathédrale et ses deux flèches. A la vue de cet édifice toujours jeune, on bénit Dieu d'avoir mis sur la terre une puissance plus durable que les héros et les rois.

En effet, la cathédrale de Burgos s'annonce d'abord comme un édifice jeune, élancé, qui n'est point sans majesté, mais qui a surtout l'élégance et la grâce. Je ne parle pas des premières assises de la façade ni de la porte principale, défigurées par le vandalisme moderne. Mais au-dessus de ce soubassement dégradé rayonne la rosace; plus haut, une riche galerie ouvre ses arcades sous lesquelles huit statues de rois sont rangées comme une garde d'honneur; de là partent deux longues fenêtres ogivales, et le front de l'édifice se termine par un balustre merveilleusement découpé, dont le dessin forme cette inscription : *Tota pulchra es et decora.* Des deux côtés les tours s'élancent et portent à une hauteur prodigieuse des flèches découpées à jour. Ces deux pyramides égales montent à trois cents pieds; elles défient les ouragans de la Castille; et cependant rien n'égale la délicatesse de leur réseau. La broderie de pierre qui les entoure forme d'un côté ces mots : *Agnus Dei;* de l'autre, *Pax vobis.* Ces paroles pacifiques proclamées dans un siècle violent n'étaient pas moins miraculeuses que les deux flèches dressées au milieu des orages.

Maintenant il faut monter la *calle alta* qui mène au portail septentrional. Là paraît d'abord le portail même, somptueusement orné : les douze apôtres y veillent aux pieds du Christ; puis, tout le chevet de la cathédrale, avec ses deux rangs de fenêtres, ses contre-forts, ses clochetons, et tout autour une balustrade élégante, gardée de distance en distance par des anges qui déploient leurs ailes. Une imagination complaisante supposerait volontiers que ces habitants du ciel sont les vrais architectes de l'aérienne cathédrale, et qu'ils veillent à sa défense. Ce serait assez pour faire une belle église. Mais celle de Burgos a deux ornements qui la distinguent entre toutes. A l'endroit où la nef et le transsept se coupent pour former la croix, une large tour octogone (*el Crucero*) s'élève jusqu'à la hauteur de deux cent trente pieds. Deux rangs de fenêtres l'éclairent, et des huit angles se détachent huit petites tours, toutes découpées, toutes peuplées de saints, toutes terminées par de fines aiguilles. Derrière l'église, la coupole de la *chapelle du Connétable*, moins élevée, mais toujours octogone, reproduit la même décoration. Ce sont comme deux diadèmes que porte cette reine des basiliques espagnoles. On raconte que Charles V, à la vue du *Crucero*, fut frappé d'admiration. « Il faudrait, dit-il, mettre ce joyau dans un écrin, et le traiter comme une chose qui ne se voit pas tous les jours et qui se fait désirer. » Assurément l'étranger qui passe ne forme pas le même vœu que Charles V; mais, ravi de cette cathédrale, il ne peut s'empêcher de lui adresser ces mots qu'elle porte au front, en l'honneur de la Vierge Marie : « Vous êtes toute belle et gracieuse. »

Dieu sait si volontiers nous achèverions le tour, si nous resterions longtemps suspendus devant les fines sculptures dont la renaissance a décoré la petite porte de la *Pellegeria,* devant le portail du sud, où une main plus ancienne a représenté en style byzantin le Juge éternel et autour de lui les symboles des quatre évangélistes! Il est temps de franchir le seuil : alors cet édifice, qui par sa légèreté semblait un joyau, devient immense et semble un monde.

Mais c'est un monde que Dieu remplit;

et en effet un symbolisme divin a remué ces pierres et leur a donné la pensée, ou, ce qui est plus encore, la force de vous faire penser, vous et les générations qui avant vous s'agenouillèrent ici. Le dogme de la rédemption a dessiné la croix latine qui fait le plan de l'édifice. Le mystère de la sainte Trinité préside à toutes les proportions : trois nefs, la principale divisée en neuf travées, trois pour le vestibule, trois pour le chœur, trois pour le sanctuaire. Enfin toute l'économie de la vie chrétienne semble se reproduire dans la distribution de l'édifice, à mesure qu'on s'avance du porche imposant et sévère jusqu'aux splendeurs de l'abside.

Le premier aspect de la nef est d'une majesté rare, mais d'une majesté pesante, où l'on reconnaît l'effort de l'art gothique pour se dégager des formes byzantines. Les tribunes s'ouvrent larges et basses, et l'arcade massive qui les surmonte n'est percée que d'un petit nombre de trèfles.

S'il faut prêter un langage à ces murs, ils ne parlent encore que de recueillement et de pénitence, premier degré de l'initiation catholique. Nous sommes en effet dans l'espace que les règles de l'ancienne liturgie réservaient aux pénitents et aux catéchumènes.

A la quatrième travée commence le chœur. De chaque côté, deux rangs de stalles d'un beau travail représentent les scènes principales de la Bible et les légendes des saints. D'élégantes statuettes couronnent cette boiserie, qui anime la nudité des murailles[1]. Mais déjà le chœur est éclairé par le jour plus brillant du transsept, de même qu'après les exercices laborieux de la pénitence commencent les clartés de la contemplation.

1. Aujourd'hui le chœur est séparé du vestibule par une lourde décoration. Le cardinal Zapata la fit élever au commencement du dix-septième siècle pour y adosser le siége archiépiscopal. Ce siége, d'un travail tout classique, représente l'*Enlèvement d'Europe*.

Ici encore la lumière vient d'en haut, elle descend par torrent de la tour octogone du *Crucero*, dont nous avons admiré l'extérieur; mais l'intérieur a plus de hardiesse. Quatre piliers d'un essor merveilleux s'élèvent pour soutenir cette large coupole, de longues ogives la découpent, des faisceaux de nervures la décorent et vont se réunir au sommet pour dessiner une étoile qui plane ainsi sur l'édifice, comme l'étoile des mages s'arrêta sur la crèche de Bethléem, la première, la plus pauvre et la plus sainte des cathédrales.

Encore un degré dans la vie mystique, et l'âme arrive à l'union intime avec son Dieu. Encore quelques pas, et nous sommes au milieu du sanctuaire où s'accomplit dans l'eucharistie le suprême embrassement du Christ avec l'humanité. Le sanctuaire de Burgos, dégagé de boiseries, ouvre aux cérémonies sacrées un espace lumineux et magnifique. Six grands candélabres d'argent décorent les marches de l'autel. Derrière l'autel, le retable ferme la perspective et monte jusqu'à la voûte. Les deux sculpteurs flamands qui menèrent à fin cet ouvrage voulurent y figurer le triomphe de Notre-Dame, patronne de Burgos. Onze bas-reliefs en bois doré retracent l'histoire de la Vierge, depuis les noces de saint Joachim et de sainte Anne jusques au couronnement de la reine du ciel. Mais, pour bien marquer que son triomphe, comme celui de toute âme chrétienne, s'accomplit par la douleur, toute cette composition est surmontée par l'image de Marie au pied de la croix. De grandes statues séparent les bas-reliefs : elles représentent des anges, les évangélistes, les apôtres. Tout autour se suspendent des plantes symboliques qui enveloppent dans leurs enroulements les médaillons et les noms d'une multitude de saints, martyrs, docteurs, pontifes, gloires de l'Église d'Espagne : saint Vincent, saint Isidore, saint

Dominique. Tous ces grands hommes attendent une femme aussi grande qu'eux, qui vivait encore quand fut dessiné le retable de Burgos : je veux dire sainte Thérèse.

Maintenant, si l'architecte ne s'est point trompé dans son dessein; si cette prédication de la pierre et du bois qui vous a saisi dès l'entrée vous a poursuivi jusqu'ici toujours plus pressante, vous n'admirez plus, vous priez, humilié, anéanti comme le pauvre Espagnol qui déroule son rosaire à vos côtés. Vous avez assez vu pour un jour.

Mais il n'est pas facile d'en finir avec les grands monuments chrétiens.

Quand on a mesuré de ses pas les nefs latérales et contemplé les belles perspectives que forment les longs bras de la croix; quand on croit connaître enfin la cathédrale de Burgos, on s'aperçoit qu'il reste à visiter un cloître superbe et une longue suite de chapelles, dont plusieurs sont devenues comme autant d'églises autour de l'église principale. Les unes touchent par leurs souvenirs, les autres étonnent par la richesse de leurs autels et de leurs sépultures. A Burgos, comme dans quelques-unes des grandes basiliques d'Italie, comme à Venise, à Padoue, à Florence, on n'a jamais fini de voir, parce que l'art chrétien n'a jamais fini de créer. Dieu s'est reposé le septième jour; ce qu'il avait fait était bien et réalisait pleinement son idée créatrice. Mais l'art chrétien ne se repose jamais, parce qu'à ses yeux ce qu'il a fait n'est pas bien et demeure éternellement au-dessous de l'idéal.

Je ne puis pas oublier le cloître tout habité de morts illustres et silencieux, et de vivants obscurs, mais très-bruyants. Voici les images de saint Ferdinand et de sa femme Béatrix. Après eux une longue suite de saints, d'évêques, de jurisconsultes. Mais voici en même temps un essaim de *seigneurs étudiants*, qui vont toujours enfoncés dans leurs manteaux, répétant à haute voix leur leçon. Heureusement la leçon est latine, et si les pauvres morts en entendent quelque chose, rien ne leur prouve qu'ils ont changé de siècle.

Je ne vous entraînerai pas dans la visite des chapelles : autant vaudrait dénombrer avec Homère les vaisseaux des Grecs! Mais comment tairais-je l'oratoire de Saint-Grégoire et celui du Crucifix, avec les belles légendes qui s'y rattachent? La chapelle de Saint-Grégoire conserve la châsse de sainte Casilde, l'une des patronnes de la vieille Castille, et dont l'histoire rappelle ces temps où deux religions, deux peuples, vivaient sur le même sol dans une lutte éternelle. Donc, au onzième siècle, le roi musulman de Tolède avait une fille uniquement aimée : Casilde était son nom. Au milieu des fêtes dont son père l'entourait, elle se prit de pitié pour les prisonniers chrétiens qui languissaient dans les cachots du château, et chaque jour elle leur portait quelque nourriture. On dit qu'un soir son père la rencontra cachant dans un pan de sa robe le pain et le vin des captifs; et, comme il la pressait de questions : « Je porte des roses », dit-elle, et, laissant retomber son vêtement, elle répandit une pluie de fleurs. Les prisonniers remerciaient leur bienfaitrice en lui chantant leurs cantiques : elle apprit à connaître le Christ et la mère du Christ. Mais une inflexible fatalité semblait lui fermer les portes de l'Église. Dieu les lui ouvrit en la frappant d'un mal qui résistait à tous les soins. Une vision l'avertit qu'elle ne trouverait la santé que dans les eaux du lac de Saint-Vincent, près de Briviesca, en terre chrétienne. Le père éperdu consentit au voyage. Mais il voulut que sa fille partît avec une suite nombreuse et chargée de présents pour le roi Ferdinand Ier, qui régnait dans Burgos. Ferdinand fit à la musulmane un accueil royal. Bientôt après elle se plongeait dans les eaux du lac Saint-Vincent; elle en sortit guérie et demanda le baptême. Puis, congédiant son cortége, elle se bâtit près du lac une cellule où elle acheva sa vie dans la pénitence. Chaque année, le 17 avril amène à l'ermitage de Sainte-Casilde les laboureurs et les pâtres des montagnes voisines : ils ramassent avec respect, aux lieux où la pénitente châtiait son corps, de petites pierres rouges qu'ils croient tachées de son sang.

Il ne faut point hausser les épaules à ces bonnes gens, ni s'emporter contre la superstition du peuple espagnol : les Espagnols, parce qu'ils sont hommes, aiment les dévotions qui tombent sous les sens. Ils ont un culte familier pour la Vierge et les saints; mais leur piété la plus ardente s'attache à ce qu'il y a de plus immatériel dans le christianisme, c'est-à-dire le sacrifice du Christ. De là ce grand nombre d'hommes, soldats, paysans, gens de métier, gens de loisir, qui entendaient la messe aux jours d'œuvre dans la cathédrale de Burgos. De là aussi la foule qui se pressait dans la chapelle du Crucifix. Ce crucifix (*el santisimo Cristo de Burgos*) a sans doute une histoire toute miraculeuse. On le tenait pour un ouvrage du disciple Nicodème et d'un bois dont la plante ne croissait pas sur la terre. On ajoutait qu'après des vicissitudes inconnues, les vents avaient poussé la sainte image des bords de la Palestine dans le golfe de Biscaye, où un marchand de Burgos la trouva flottante sur les eaux. La tradition lui attribuait beaucoup de prodiges, dont voici le plus touchant : On avait placé sur la tête du Christ une couronne d'or; mais cette tête sainte la secoua, ne voulant être couronnée que d'épines, et le riche diadème resta à ses pieds. Assurément un tel récit ne peut inspirer que de saintes pensées, et il me semble que devant ce crucifix, au milieu de cette multitude recueillie, mes lèvres répètent d'elles-mêmes deux stances d'un vieux poëte où je trouve toute la profondeur du sentiment chrétien : « Dieu immense, qui dures toujours, qui créas tout l'univers, Dieu vrai, et qui, ému d'amour jusqu'aux entrailles, expiras pour nous sur le bois! — Puisqu'il te plut de souffrir pour nos fautes une telle passion, ô Agneau de Dieu! fais-nous monter où est le bon larron que tu sauvas, seulement pour t'avoir dit : *Souvenez-vous de moi*[1]. »

1. Ces vers sont de Juan Tallante, poëte du quinzième siècle.

¡Inmensó Dios, perdurable
Que el mundo todo criaste,
Verdadero,

Y con amor entrañable
Por nosotros espiraste
En el madero!

Pues te plugo tal pasion
Por nuestras culpas sufrir,
¡O Agnus Dei!

Nous avons réservé jusqu'ici la merveille de la Castille, celle à qui le voyageur consacre une heure quand il s'arrête une heure seulement à Burgos : je veux dire la *chapelle du Connétable*, qu'on cite comme le type de la renaissance espagnole, de même que la renaissance anglaise a le sien dans la *chapelle de Henri VII* à Westminster. Ce monument est si connu, le crayon et le burin en ont si bien popularisé les beautés, que je me trouve à peu près dispensé de retracer encore, après tant de descriptions, des détails indescriptibles, et de laisser les lecteurs dans la confusion, quand je voudrais les jeter dans le ravissement. J'aurai fini ma tâche si j'ébauche les grands traits de l'édifice et si j'y place avec honneur ceux qui l'ont fondé. En 1487, le connétable Hernandez de Velasco et sa

Lleva nos do está el ladron
Que salvaste por decir
Memento mei.

femme doña Mencia demandèrent, pour la rémission de leurs péchés, à rebâtir l'oratoire de Saint-Pierre au chevet de la cathédrale. L'architecte dessina la nouvelle chapelle de forme octogone. Extérieurement, il l'assortit au style de la cathédrale, dont il reproduisit les principaux ornements. Intérieurement, il lui donna toute la hardiesse du gothique avec la grâce de la renaissance. Une arcade ornée de bas-reliefs admirables, et dont la grille même est un chef-d'œuvre, conduit de l'église à la chapelle. Après avoir franchi ce vestibule, on se voit tout à coup sous un dôme élevé, lumineux. De fines colonnettes en marquent les angles et montent d'un jet jusqu'au point où elles se partagent et se courbent pour encadrer l'ogive des fenêtres, et pour former l'étoile à huit pointes qui ferme la voûte. Au-dessous des fenêtres s'ouvrent les tribunes, fièrement surmontées d'autant de figures de guerriers la lance au poing. Tout autour pend un feston de pierre qui défie les plus somptueuses broderies. Cette décoration splendide n'a rien de superflu; elle laisse même à nu de grands espaces que les fondateurs léguaient sans doute à la piété de leurs enfants. Pour eux, ayant assez fait, ils sont venus se reposer au milieu du noble édifice. Le soubassement de leur mausolée n'est qu'un bloc de marbre, sans aucune des décorations qui enrichissent les sépultures de Miraflores. Mais les figures du connétable et de la comtesse sont très-belles, l'armure et les draperies travaillées avec une rare délicatesse. Je ne trouve pas le nom du sculpteur : on dit seulement que les deux statues furent exécutées en Italie vers 1542. « Ci-gît le très-illustre seigneur don Pedro Hernandez de Velasco, connétable de Castille, vice-roi de ce pays pour les rois catholiques, mort à l'âge de soixante-six ans, l'an 1492, — et avec lui la très-illustre dame doña Mencia, comtesse de Haro, fille de don Lopez de Mendoza et de doña Catalina de Figueroa, marquis et marquise de Santillane, morte à l'âge de soixante-dix-neuf ans, en l'an du Christ 1500. Les deux épitaphes réunissent les plus grands noms du moyen âge espagnol, qui semble descendre tout entier dans ce tombeau, mais y descend avec sérénité. Nous reconnaissons ici, comme à Miraflores, dans les monuments comme dans les chants des poëtes, le génie castillan tel qu'il était sorti du sol national. Nous le voyons religieux, chevaleresque, fastueux, mais en même temps aimable et serein, sans aucune trace de cette tristesse solennelle, de cette grandeur sombre qu'il prit sous la domination étrangère, quand les princes autrichiens voulurent faire porter à l'Espagne l'empire du monde, et l'écrasèrent sous le fardeau.

Et cependant le moment est venu de prendre congé de ces beaux lieux que je ne reverrai plus, et auxquels je vais laisser suspendue une partie de mes affections et de mes regrets, comme j'en ai déjà laissé à tant de vieilles villes, de montagnes et de rivages. Il y a quelque part en Sicile des tronçons de colonnes ombragés d'un bouquet d'oliviers, à Rome un oratoire dans les catacombes, au pied des Pyrénées une chapelle côtoyée par des eaux limpides qui fuient sous un pont voilé de lierre ; il y a sur les côtes de Bretagne des grèves mélancoliques où mes souvenirs retournent avec un charme infini, surtout quand l'heure présente est triste et l'avenir inquiet. J'ajouterai Burgos à ces pèlerinages de ma pensée, qui me consolent quelquefois du pèlerinage douloureux de la vie. Souffrez donc que j'embrasse d'un dernier regard l'ensemble de la cathédrale, que je m'agenouille dans le radieux sanctuaire, devant la Vierge du retable; et, si la prière d'un catholique vous scandalise, ne m'écoutez pas.

« O Notre-Dame de Burgos! qui êtes

aussi Notre-Dame de Pise et de Milan, Notre-Dame de Cologne et de Paris, d'Amiens et de Chartres, reine de toutes les grandes cités catholiques, oui vraiment, « vous êtes belle et gracieuse » *Pulchra es et decora,* puisque votre seule pensée a fait descendre la grâce et la beauté dans ces œuvres des hommes. Des barbares étaient sortis de leurs forêts, et ces brûleurs de villes ne semblaient faits que pour détruire. Vous les avez rendus si doux, qu'ils ont courbé la tête sous les pierres, qu'ils se sont attachés à des chariots pesamment chargés, qu'ils ont obéi à des maîtres pour vous bâtir des églises. Vous les avez rendus si patients, qu'ils n'ont point compté les siècles pour vous ciseler des portails superbes, des galeries et des flèches. Vous les avez rendus si hardis, que la hauteur de leurs basiliques a laissé bien loin les plus ambitieux édifices des Romains, et en même temps si chastes, que ces grandes créations architecturales avec leur peuple de statues ne respirent que la pureté et l'immatériel amour. Vous avez vaincu jusqu'à la fierté de ces Castillans qui abhorraient le travail comme une image de la servitude; vous avez désarmé un grand nombre de mains qui ne trouvaient de gloire que dans le sang versé; au lieu d'une épée, vous leur avez donné une truelle et un ciseau, et vous les avez retenus pendant trois cents ans dans vos ateliers pacifiques. O Notre-Dame! que Dieu a bien récompensé l'humilité de sa servante! et, en retour de cette pauvre maison de Nazareth où vous aviez logé son Fils, que de riches demeures il vous a données! »

Une femme chrétienne qui visitait aussi la cathédrale de Burgos, et qui avait aussi prié de même à beaucoup de sanctuaires, demandait ce que Dieu ferait, au dernier jour, de ces admirables ouvrages élevés à sa louange par la tendre piété de tant de générations. Le feu qui doit purifier la terre foudroiera-t-il ces tours qui montaient pour le conjurer ; ces chevets d'église gardés par les anges, ces madones si pures et ces saints si humblement prosternés devant elles ? Et d'ailleurs, celui qui fait gloire de s'appeler le souverain artiste aura-t-il le courage de détruire tant de mosaïques et de fresques où rayonne l'éternelle beauté ? — Pourquoi ces monuments n'auraient-ils pas aussi leur immortalité ou leur résurrection ? Et qui sait si, miraculeusement sauvés, ils ne devraient pas faire l'ornement de la Jérusalem nouvelle que saint Jean nous représente toute resplendissante de jaspe et de cristal ?

VI

Pont de Béhobie, le 21 novembre.

L'hiver venu sur l'aile des vents nous ferme décidément la route de Compostelle. Les conseils de nos amis ne nous permettent pas de pousser jusqu'à Madrid. Quoi! pas même un détour pour voir Pampelune et les gorges où les Basques se vantent d'avoir défait Charlemagne et ses douze preux? Il est vrai que j'ai la conscience en paix à l'endroit de Roland, ayant contemplé de mes yeux la brèche que fit son épée à la montagne voisine de Gavarnie, et les empreintes que laissèrent les deux fers de son cheval dans le rocher.

L'impitoyable prudence nous ramenait donc par le chemin le plus court. Toutefois, depuis que nous retournions vers le nord, nous retrouvions la verdure, le soleil et un reste d'été. Déjà nous redescendions le rude passage de Salinas. C'était le dimanche matin, la vallée s'éveillait riante au son des cloches, et les paysans commençaient à se grouper joyeux sous les porches des églises. Ici reparaît dans toute sa liberté la bonne humeur de la vieille Espagne. Aujourd'hui, si nous entendons chanter un muletier ou une servante d'auberge, l'air est vif et gai. Il arrive même qu'à la grand'messe, dans l'église principale de Tolosa, l'organiste nous fait les honneurs d'une polka très-animée. Cependant cette musique indévote ne troublait pas la piété des fidèles : je voyais se prosterner, dans une adoration profonde, de beaux jeunes gens fort capables de discuter les *fueros* de la province, et de les soutenir le mousquet au poing. Les femmes se pressaient à l'offrande, chacune avec un pain blanc et un cierge; d'autres, c'étaient les veuves, agenouillées sur un tapis noir entre deux flambeaux, demandaient des prières pour leurs pauvres morts.

A mesure que nous approchons de la frontière, nos souvenirs de voyage nous deviennent plus chers, et nous n'en voulons rien perdre. Et pourrions-nous passer sous silence la petite ville d'Irun, qui représente en raccourci l'Espagne moderne, comme nous avons vu l'ancienne dans les ruines de Fontarabie? Voici donc l'église d'Irun, spacieuse, pleine d'une foule recueillie; à l'ombre du clocher, les écoles communales, dont la fraîche propreté inviterait à l'étude les enfants les plus mutins; le marché tout bourdonnant d'actives et malicieuses paysannes. Le palais de l'ayuntamiento ne manque pas d'élégance dans ses justes proportions : au devant, sur une colonne, s'élève l'image de saint Jean-Baptiste, patron de la petite cité; enfin de blanches maisons laissent voir dans leurs cours les lauriers et les jasmins que je rêvais ailleurs. Oh! que ce serait bien le lieu de disserter, pendant qu'avec une lenteur solennelle on vise nos passe-ports! Et pourquoi, dans un temps où les peuples ont tant de conseillers, refuserais-je mes conseils à un peuple que je connais depuis huit jours? Je dirais à l'Espagne qu'elle a fait avec le saint-siége une paix bonne et sage; qu'elle a noblement défendu son indépendance contre les intéressés qui la voulaient mettre en tutelle; qu'enfin elle a enseigné à des nations plus expérimentées qu'elle comment on peut maintenir la tradition de l'autorité sans étouffer les libertés publiques. Il lui reste à reprendre, parmi les puissances chrétiennes, la grande fonction qui lui fut assignée. Ce n'est pas en vain qu'un de ses rivages regarde l'Italie, elle n'y doit plus rêver de conquêtes, mais elle n'y doit pas permettre les invasions du Nord. Un autre rivage se tourne vers l'Amérique, dont Christophe Colomb n'a pas trouvé les clefs pour qu'elles tombent aux mains des marchands de houille et de coton. En moins de vingt-cinq ans, la Turquie a réparé les désastres de Navarin; l'Espagne ne peut pas laisser éternellement fumer les débris de Trafalgar. Enfin, d'un troisième côté, l'Espagne découvre l'Afrique, où l'Alcoran vaincu essaye de ranimer le fanatisme de ses sectaires. Les Espagnols justifient leurs combats de taureaux comme une école de courage qui entretient les qualités militaires de la nation. Ils ont à leur portée et nous leur avons fait une meilleure école de soldats; les côtes du Maroc leur sont promises; et leur armée se retremperait dans la croisade civilisatrice qui achèverait de faire de la Méditerranée un lac chrétien.

Mais l'Espagne ne m'entend plus : nous sommes au pont de Béhobie, où les deux drapeaux, castillan et français, se regardent comme deux vieilles connaissances qui se sont vues en bon lieu, au milieu de la poudre et des balles. Avant de toucher au sol de France, et pour remercier Notre-Dame qui nous ramène sains et saufs, permettez que je répète un vieux chant du poëte Gil Vicente. Mais, comme on ne saurait avoir tant voyagé sans apprendre quelque peu la langue du pays, je vous dirai en espagnol ces vers, dont la naïveté et l'harmonie ne se traduiraient pas :

1

¡Muy graciosa es la Doncella!
¡Cómo es bella y hermosa!

2

Digas tú, el marinero,
Que en las naves vivias,
¿Si la nave, ó la vela, ó la estrella,
Es tan bella.

3

Digas tú, el caballero,
Que las armas vestias,

¿Si el caballo, ó las armas, ó la guerra,
Es tan bella.

4

Digas tú, el pastorcito,
Que el ganacido guardas,
¿Si el ganado, ó las valles, ó la sierra,
Es tan bella.

Voici pour les lecteurs exigeants un essai de traduction :

Très-gracieuse est la Vierge, comme elle est belle et charmante!

Parle, toi le marinier, qui vis sur les navires, si ta nef, ou ta voile, ou la mer, est aussi belle!

Parle, toi le chevalier qui revêts les armes, si ta monture, ou ton armure, ou la guerre, est aussi belle!

Parle, toi le petit pâtre qui gardes ton troupeau, si ta bergerie, ou la vallée, ou la montagne, est aussi belle!

Nous avions commencé notre pèlerinage par un psaume. Il convenait de le finir par un cantique.

www.ingramcontent.com/pod-product-compliance
Ingram Content Group UK Ltd.
Pitfield, Milton Keynes, MK11 3LW, UK
UKHW031859260826
14628UKWH00002B/879

9 782012 832497